# 中国医药产业国际化蓝皮书
# （2021）

中国医药保健品进出口商会

联合国工业发展组织　　　　　　　　编著
投资和技术促进办公室（中国·北京）

中国商务出版社
CHINA COMMERCE AND TRADE PRESS

**图书在版编目（CIP）数据**

中国医药产业国际化蓝皮书. 2021 ／ 中国医药保健品进出口商会，联合国工业发展组织投资和技术促进办公室（中国·北京）编著. —北京：中国商务出版社，2021. 10

ISBN 978- 7- 5103- 4006- 2

Ⅰ.①中… Ⅱ.①中…②联… Ⅲ.①制药工业—国际化—研究报告—中国—2021 Ⅳ.①F426.7

中国版本图书馆 CIP 数据核字（2021）第 203225 号

**中国医药产业国际化蓝皮书（2021）**

**BLUE BOOK ON THE INTERNATIONALIZATION OF CHINA'S PHARMACEUTICAL INDUSTRY（2021）**

中国医药保健品进出口商会
联合国工业发展组织投资和技术促进办公室（中国·北京） 编著

出　　版：中国商务出版社
地　　址：北京市东城区安定门外大街东后巷 28 号　　邮政编码：100710
网　　址：http://www.cctpress.com
电　　话：010-64212247（总编室）　　010-64515164（事业部）
　　　　　010-64208388（发行部）
印　　刷：北京印匠彩色印刷有限公司
开　　本：710 毫米×1000 毫米　1/16
印　　张：17
版　　次：2021 年 11 月第 1 版　　　印　　次：2021 年 11 月第 1 次印刷
字　　数：243 千字　　　　　　　　定　　价：128.00 元

# 编委会

# 序 一

历经数十载的磨砺和积累，中国现已成长为全球第二大医药市场，在全球医药产业链中占据重要地位。2015 年以来，随着药品、医疗器械和化妆品审评审批制度改革的持续深化，中国医药产业创新活力有效迸发，企业逐步由"营销驱动"向"研发驱动"转型，迅速进入了新的高质量发展期。

国际化是衡量医药产业高质量发展程度的重要指标，已成为促进医药工业结构优化调整的有力抓手。近年来，中国医药企业国际参与度不断提升，从最初的中间体、原料药，到特色原料药、制剂出口，再到自主研发的新药"出海"，研发、临床、注册到商业化各个方面开展了广泛的国际合作。2020 年，中国医药产品进出口总额达到 2576.5 亿美元，同比增长 52.3%（以中国海关 8 位编码统计），再创历史新高；随着中国创新药企自身研发实力的不断增强，越来越多的中国企业与国际药企完成项目授权、共同研发等多项合作，国际化程度和质量得到进一步提升。

强有力的监管催生强大的产业。全面加强药品监管能力建设，就是要通过提升与现代医药发展趋势相适应的药品监管能力，支持在医药领域构建以国内大循环为主体、国内国际双循环相互促进的新发展格局，推动我国由制药大国向制药强国跨越。在此进程中，我们始终坚持将监管国际化作为实现途径之一，坚定不移与国际组织和各国监管机构开展务实的国际交流与合作：全面加强与世界卫生组织的合作；与欧盟委员会建立了磋商与合作机制，积极推进中欧合作；成为国际药品监管机构联盟、国际药品注册协调会、国际医疗器械监管机构论坛、亚洲医疗器械法规协调会的成员；与此同时，我们还积极开展与药品检查合作机制和国际化妆品监管联盟等国际组织和机制的合作。

当下，新冠肺炎疫情仍在全球蔓延，国际交流与合作对于全球共同抗击疫情至关重要。疫情发生以来，中国药监部门不断优化工作流程，为中国抗疫斗争取得重大阶段性战略成果作出了积极贡献，为全球疫情防控提供了中国助力。上半年，国药中生北京公司和科兴中维公司生产的新冠灭活疫苗被世界卫生组织列入紧急使用清单，即展现了国际组织对中国政府监管和医药产业的认可和支持。

2021 年是中国共产党成立 100 周年，也是"十四五"开局之年，我们将始终坚持以人民为中心、生命至上的监管理念，进一步落实习近平主席"四个最严"要求，对标国际规则，深化审评审批制度改革，持续推进监管创新，加快建立健全科学、高效、权威的药品监管体系，不断适应人民群众对药品、医疗器械和化妆品安全的需求，全面推动医药产业高质量发展，确保"十四五"药品监管、产业发展开好局、起好步。同时，我们将继续与国际社会一道，坚持开放共享的原则，积极推进监管协调与信赖，共同构建人类卫生健康命运共同体，为公众健康水平不断提高做出我们的积极贡献。

原国家食品药品监督管理局局长

中国药品监督管理研究会创会会长

# 序　二

新冠肺炎疫情给全球医药产业带来了重大影响，世界各国公共卫生体系受到巨大挑战，同时也凸显了中国制药在全球医药供应链、产业链中至关重要的地位。全球医药产业离不开中国，中国制药的未来发展也离不开世界。

随着医药产业的发展，在各方共同努力下，中国医药产品对外贸易取得了优异成绩：2020 年我国医药进出口总额达到 2576.5 亿美元，同比大幅增长 52.3%。其中，出口 1778.5 亿美元，同比增长 92.6%，进口 798 亿美元，同比增长 3.9%。中国医药企业国际化步伐不减，中国疫苗生产企业在新冠肺炎疫苗的研发和产业化上都走在全球前列，两款疫苗已进入世卫组织紧急使用清单和"新冠疫苗实施计划"采购清单；多款国产创新药获多项国外高端资格认证，创新药海外权益转让爆发式增长，交易规模越来越大，合作形式越来越多元化；中国药企进行国际多临床中心试验愈加活跃，开展中美、中欧双报布局，将国际化目标瞄准欧、美、日等法规市场……

毋庸置疑，创新+国际化，是这个时代中国医药行业发展的主旋律。无论是监管政策、产业规划还是企业主体，近些年都在朝着这两个方向加速迈进。我们相信，未来将有越来越多的创新药进入全球市场，惠及全球患者，切实提高药物可及性。

中国医药保健品进出口商会一直致力于医药产业国际化的研究与推进，自 2017 年起开始编著《中国医药产业国际化蓝皮书》，受到业界广泛关注。《中国医药产业国际化蓝皮书（2021）》又要和读者见面了，本书紧扣时代发展脉搏，继续丰实具体数据、内容，力争全面、深入呈现新时期中国医药产业国际化发展境况。

《中国医药产业国际化蓝皮书（2021）》分为监管政策、行业发展、对外贸易、注册合规、区域发展、多边合作、国别市场、综合发展、企业案例九个章节，不仅进行了翔实的数据整理分析，同时提出观点，解读趋势，探寻未来发展路径。希望本报告能够继续助力政府部门制定产业政策和规划，赋能医药健康企业国际化发展。

最后，衷心感谢给予本书支持和帮助的政府部门、研究机构、企业代表等各界人士，让我们携手共筑行业美好未来！同时，囿于编者水平及所获资料范围，书中难免有纰漏之处，恳请批评、指正。

中国医药保健品进出口商会会长

周惠

# 序 三

中国是联合国事业的主要参与者和进行全球治理的重要支柱。自1971年联合国大会恢复中国合法席位以来，中国一直与联合国机构及相关国际组织保持密切合作关系，并已加入500多项国际公约，成为联合国维和行动第二大出资国和常任理事国派出维和人员最多的国家，为维护世界和平与发展、加强全球伙伴关系和国际多边合作作出独有贡献。

新冠肺炎疫情暴发以来，中国支持联合国和世卫组织发挥领导和协同作用，建立全球公共卫生治理新秩序，注重与非洲联盟、上海合作组织、东南亚国家联盟等区域性组织和国际多边机构开展合作，积极推进全球防疫医疗资源的流动与新冠疫苗公平合理分配，为国际社会提供全球公共产品，致力于打造人类卫生健康共同体。

新冠肺炎疫情对全球人民的生存福祉以及可持续发展带来了深重影响，尤其是工业领域，而工业对提供必需品、食品、医疗和医药产品至关重要。疫情初期，联合国采取集体行动全面应对疫情，并携手中国稳定全球医药供应链。在抗疫保卫战中，工业部门快速响应政府号召，加速并扩大了关键物资生产，在应对全球公共卫生危机方面发挥了重要作用。联合国工业发展组织作为致力于促进包容与可持续工业发展的联合国专门机构，通过项目向中国提供紧急援助。联合国工业发展组织投资和技术促进办公室（中国·北京，UNIDO ITPO Beijing）作为在华投资和技术促进项目机构，一方面在中国积极协调抗疫物资和民生保供渠道；另一方面响应全球倡议，征集推广创新思维与技术，与中国医药保健品进出口商会等中国医药行业的合作伙伴共同促进医药产业链国际合作。

当前，疫情还在全球蔓延扩散，应对疫情对民众健康带来的危害和对经济带来的冲击是全球医药产业界的共同责任与使命，需要形成国际共识并付诸集体行动。从国际公共卫生治理体系构建、政策制度安排，到医疗防疫物资的供应保障、产业链的稳定可持续，每个环节都不可或缺。智慧医药创新是全球应对新冠疫情挑战的"特效药"，而广泛的国际产业合作是实现全球智慧医药创新资源公平可及的"催化剂"。提高中国医药产业国际化水平，促进中国医药产业高质量发展，更需加强全球伙伴关系。特别是在中国提出"双循环"新发展格局背景下，强化国际抗疫合作，共享信息、数据、联合措施、多边对策、政策一致性和最佳实践案例，对于应对全球危机兼具迫切性与必要性。未来，我们将在一个 UN 下，调动全球知识、技术和资金资源，与中国的合作伙伴一道，共同助力医药产业链国际合作与联合国可持续发展目标的实现，确保不让任何一个人掉队。

联合国工业发展组织投资和技术
促进办公室（中国·北京）主任

武雅斌

# 摘　要

《中国医药产业国际化蓝皮书（2021）》共分9个篇章，分别为监管政策篇、行业发展篇、对外贸易篇、注册合规篇、区域发展篇、多边合作篇、国别市场篇、综合发展篇、企业案例篇。

监管政策篇介绍了中国药品监管改革及国际化进展，阐述了近年来我国药品、医疗器械和化妆品审评审批制度改革创新所取得的成绩，以及药监部门与世界卫生组织、国际人用药品注册技术协调会等国际组织、机构的协调和合作。

行业发展篇回顾了在新冠肺炎疫情影响下2020年全球药品市场的发展情况，预测了到2025年全球药品市场增速和发展特点；分析了创新药国际化发展的驱动力及海外发展的特点和趋势。

对外贸易篇根据海关数据总结了2020年及2021年上半年医药健康产品及细分中药、西药、医疗器械、营养保健食品进出口情况，对医药产品对外贸易未来发展做出研判。

注册合规篇阐述了中国医药企业最新海外注册数据，包括NDA、ANDA、DMF、CEP等各个方面，介绍了欧美、WHO及其他国际监管机构最新监管动向、趋势，及仿制药注册、远程检查注意事项。

区域发展篇梳理了上海市、山东省医药产业国际化发展情况，介绍了区域内制药企业国际化发展现状，分析了发展目标与远景。

多边合作篇总结了包括联合国工业发展组织在内的联合国系统应对疫情所采取的行动，以及如何携手中国稳定全球医药供应链，促进包容与可持续工业发展加速与医药产业链国际合作。

国别市场篇介绍了2020年联合国采购整体情况及应对疫情采购份额，分析了联合国采购中医疗健康领域份额与中国企业参与情况；对中非、中国—

中东欧医药健康合作整体情况及未来发展机遇做出分析；以新加坡—泰国监管互依赖试点为例，介绍了亚太地区医疗监管协调进程。

综合发展篇分析了制药企业如何利用工业互联网、跨境电商、数字贸易开拓国际市场，推进国际化发展。

企业案例篇介绍了复星医药、百济神州、迈瑞医疗等医药健康头部企业国际化发展历程，从企业角度进行了经验分享。

# ABSTRACT

The *Blue Book ON the Internationalization of China's Pharmaceutical Industry* (2021) contains nine chapters: Supervision Policies, Industry Development, Foreign Trade, Registration and Compliance, Regional Development, Multilateral Cooperation, Country-by-Country Markets, Comprehensive Development, and Enterprise Cases.

The chapter on Supervision Policies introduces China's progress in the reform and internationalization of its pharmaceutical supervision. This chapter describes China's achievements in the reform and innovation of the review and approval of drugs, medical devices and cosmetics in recent years, and elaborates on the coordination and cooperation between drug supervision authorities and international organizations and agencies including the World Health Organization (WHO) and the International Council for Harmonisation of Technical Requirements for Pharmaceuticals for Human Use (ICH).

The chapter on Industry Development reviews the development of the global drug market in 2020 amid the COVID-19 Pandemic. This chapter forecasts the growth rate and development features of the global drug market by 2025, and analyzes the driving forces as well as the characteristics and trends of the development of innovative drugs overseas.

The chapter on Foreign Trade summarizes the import and export of medical and healthcare products including the subdivisions of Chinese medicine, western medicine, medical devices and the nutritional and healthcare supplements based on customs data. This chapter also analyzes and forecasts the future development of foreign trade in medical and pharmaceutical products.

The chapter on Registration and Compliance illustrates the latest data on the overseas registration of Chinese medical and pharmaceutical enterprises, touching upon the subjects of NDA, ANDA, DMF, CEP, etc. This chapter also presents the latest supervisory actions and tendencies of regulatory agencies in Europe and America, WHO, and other international regulatory agencies, as well as notes on generic drug registration and remote inspection.

The chapter on Regional Development goes through the progress of the international development of medical and pharmaceutical industries in Shanghai and Shandong, with regard to the status quos, goals, and prospects.

The chapter on Multilateral Cooperation summarizes the responses to COVID-19 by the United Nations (UN) system, including the United Nations Industrial Development Organization (UNIDO). This chapter also exhibits how the UN is working with China to stabilize the global supply chain of medical and pharmaceutical products, and to facilitate international cooperation in the medical and pharmaceutical industry chain as well as to accelerate the inclusive and sustainable industrial development (ISID).

The chapter on the Country-by-Country Markets introduces the overall UN procurement in 2020 and the share of the procurement in response to COVID-19. This chapter analyzes the share of medical and healthcare sector in the UN procurement and the participation of Chinese enterprises. This chapter examines the status quos and future development opportunities for Sino-Africa and Sino-Central-and-Eastern-Europe cooperation in medical and healthcare sectors. This chapter also introduces the progress of medical supervision coordination in the Asia-Pacific area with the example of Singapore-Thailand interdependent supervision pilot program.

The chapter on Comprehensive Development studies how pharmaceutical enterprises may open up international markets and advance their internationalization through Industrial Internet of Things, cross-border e-commerce and digital trade. The chapter on Enterprise Cases presents the international development course and experience of leading enterprises in the medical and healthcare industry such as Fosun Pharma, BeiGene China, Mindray, etc.

# 目 录
### CONTENTS

## 第七篇　国别市场

## 第八篇　综合发展

## 第九篇　企业案例

# 第一篇

# 监管政策

# 中国药品监管改革及国际化进展

国家药品监督管理局科技和国际合作司

## 一、中国药监的改革与发展

2018 年以来，国家药品监督管理局坚守保护和促进公众健康的监管使命，聚焦创新、质量、效率、体系和能力主题，坚持科学化、法治化、国际化和现代化的发展道路，持续深化药品、医疗器械和化妆品审评审批制度改革。

### （一）不断完善法律法规体系

2019 年 6 月，全国人大常委会通过了世界首部综合性的《疫苗管理法》，2019 年 8 月，又公布了新修订的《药品管理法》。2020 年 1 月，出台了新修订的《药品注册管理办法》《药品生产管理办法》两部核心规章。新法律制度的设计，坚持目标引领、问题导向、国际视野、改革创新。

2020 年 12 月，国务院常务会议审议通过新《医疗器械监督管理条例》，于 2021 年 6 月 1 日起施行。新《医疗器械监督管理条例》着力提升治理水平，增加了许多新制度、新机制、新方式，简化优化了审评审批程序，细化完善了医疗器械质量安全全生命周期的责任，进一步加大了对违法违规行为的惩戒力度。在此基础上，对《医疗器械注册管理办法》进行了修订，并对《医疗器械应急审批程序》进行了修改和完善。

2020 年 1 月，《化妆品监督管理条例》通过审议，自 2021 年 1 月 1 日起施行。《化妆品监督管理条例》按照化妆品产业特点和发展的客观规律，优化产业发展环境，改进产品、原料的管理制度，同时强化企业的质量安全主体责任，加强化妆品生产经营全过程管理，加大对违法行为的处罚力度，严惩重处违法行为。为贯彻执行《化妆品监督管理条例》，出台了配套规章《化妆品注册备案管理办法》《化妆品生产经营监督管理办法》。

### （二）不断推进审评审批改革

近年来，国家药品监督管理局采取多项举措促进创新药和医疗器械的发展。全面实施药品上市许可持有人制度，加快推进仿制药一致性评价。通过改革临床试验管理方式，促进药品创新研究。实施药物临床试验机构备案管理和药物临床试验 60 日默认制，提高临床试验申请的审批效率。深化审评审批改革，加快新药好药上市。完善药品加快上市注册程序，建立了突破性治疗药物、附条件批准、优先审评审批和特别审批 4 个加快药物上市注册的通道。支持引导罕见病用药研发，建立专门通道，对临床急需境外新药、罕见病用药、儿童用药、重大传染病用药等加快审批上市，提高公众用药可及性。

在医疗器械鼓励创新方面，对具有发明专利、技术领先、显著临床应用价值的医疗器械纳入特别审批通道，予以优先审评审批。对诊断或治疗罕见病、恶性肿瘤、老年人特有疾病和专门用于儿童且具有明显临床优势的临床急需医疗器械实施优先审评审批。

新制定的《化妆品监督管理条例》从法规层面明确了进口普通化妆品由审批调整为备案管理，审批时限由 3 个月左右缩短为提交资料即完成备案。对特殊用途化妆品延续注册审评程序进行简化，审评审批时限由原来的 115 个工作日压缩到 15 个工作日。注册和备案检验管理措施优化调整，将原有对检验机构进行资格认定和指定改为机构备案管理。

## 二、中国药品监管国际化

国家药品监督管理局一贯高度重视药品监管领域的国际交流与合作。在药品医疗器械和化妆品国际合作领域，各国之间也都在学习、互相借鉴先进监管经验和监管模式，从监管协调开始，逐渐走向趋同，直至互相信赖，不断取得新的进展。

世界卫生组织是联合国系统下的全球核心公共卫生国际组织，在全球卫生治理领域发挥着不可替代的引领作用。中国药品监管机构一直与世界卫生组织保持着良好的沟通，通过建立化学药品、生物制品和传统药物合作中心，在药物可及性、药品不良反应监测、打击假劣药品、疫苗和药品预认证等领域深入交流合作。2019年10月，国家药品监督管理局与世界卫生组织签署《合作意向书》，在提升监管体系，提高监管能力等方面进一步合作。值得一提的是，2011年中国国家疫苗监管体系再次通过世界卫生组织评估；2014年再次通过评估。在当前新冠肺炎疫情下，国家药品监督管理局更是派出近20名专家参加了世界卫生组织疫苗动物模型、团结临床试验方案、疫苗安全性监测、预认证和紧急使用清单等多个工作组工作，深度参与全球讨论和研究。

国际人用药品注册技术协调会（ICH），是药品监管机构和医药产业界关于药品注册领域技术标准层面的国际合作机制。自1990年4月成立以来，ICH规则已经被全球药品注册领域认可。2017年，经过长时间艰苦卓绝的努力，中国药监机构正式成为ICH的成员，并于2018年成为其管理委员会成员，在着力转化现有技术指南的同时，积极参与临床和质量等领域多个新设议题的讨论和研究。2021年6月，国家药品监督管理局再次当选ICH管委会成员。目前，ICH已发布包括安全性、有效性、质量和多学科四大类总计62个指导原则和10个问答。其中，一级指导原则3个，二级指导原则5个，三级指导原则54个，问答10个。目前已充分实施ICH一级指导原则3个，二级指导原则3个，三级指导原则44个，达到73%，自加入ICH以来，国家药品监督管理局全面统筹中国ICH工作，共向ICH的36个议题工作组选派了69名专家。中国专家在参与ICH指导原则的制修订工作中，发挥了十分重要的作用，并为后续推动ICH指导原则在全球范围内的实施作出了积极的努力。

在医疗器械监管协调领域，中国药品监督管理机构于2013年加入国际医疗器械监管机构论坛（IMDRF），加入到医疗器械监管国际规则制定机制之中。国家药品监督管理局积极参与医疗器械临床评价、法规产品申报、个性化医疗器械、体外诊断试剂分类、良好审查规范、不良事件术语和编码、网络安全、单一检查程序等工作，并积极推动和引领了"医疗器械临床评价"和"IMDRF 成员认可国际标准清单"两个项目，成为全球医疗器械业界关注的焦点。在 2019 年 9 月中旬俄罗斯叶卡捷琳堡召开的第 16 届管理委员会上，中国正式成为 IMDRF 国家监管机构通报（NCAR）机制成员，得以在国际平台上与各国同行分享医疗器械警戒信息。由国家药品监督管理局牵头制定的《临床证据——关键定义和概念》《临床评价》《临床试验》三个技术指导原则顺利得到通过，这是我国首次牵头制定药品和医疗器械领域的国际监管技术指导原则。2021 年 5 月，由国家药品监督管理局牵头的工作组延续项目"上市后临床随访研究"成果文件正式发布，中国药监部门为推进全球医疗器械监管法规的优化和完善贡献了中国智慧和中国力量。

ICMRA 是设立在药品监管机构首脑层面的国际合作机制。2014 年 11 月，ICMRA 章程在北京获得通过。2015 年 5 月，中国药监机构正式加入。中国药品监督管理机构参加历次 ICMRA 管理委员会会议和峰会，积极参与全球药监首脑间关于创新、供应链完整性、药物警戒、风险交流等热门议题的讨论。尤其是自疫情暴发以来，ICMRA 围绕新冠疫苗和治疗产品进行了大量的战略性思考，国家药品监督管理局重点参与了新冠肺炎疫苗相关政策讨论，就临床试验方案、真实世界证据应用等关键性问题展开交流。

国家药品监督管理局还全面参与 PIC/S、ICCR、AHWP 相关工作，并在 APEC、OECD、"一带一路"、中国—中东欧、中国—东盟等合作机制上充分开展交流与合作。

我们积极推进全球伙伴关系，推进与世界主要监管机构的协调与合作，深化与"一带一路"沿线国家、发展中国家和周边国家的团结合作，与 50 余个国家和地区建立了双边合作关系，与 27 个国家和地区签署了 35 个合作协议，在法律法规、信息交流、人员培训、监管互助等领域深入开展合作。

我们持续深化与相关国际组织的多边合作，与 46 个国际组织建立了工作关系。与包括世界卫生组织在内的 3 个国际组织签署了 3 份合作文件。

## 三、结语

国家药品监督管理局以习近平总书记"四个最严"要求为根本导向，立足保安全守底线、促发展追高线，全力做好疫情防控药械审批上市和质量监管工作，管控药品安全风险，深化药品监管改革，加快推进药品监管体系和监管能力现代化，切实保障人民群众用药安全有效，确保"十四五"药品监管改革发展开好局、起好步。

药品安全问题属于严肃的政治问题、基本的民生问题、重大的经济问题和严谨的技术问题。国家药品监督管理局对标国际通行规则，深化审评审批制度改革，持续推进监管创新，加强监管队伍建设，按照高质量发展要求，加快建立健全科学、高效、权威的药品监管体系，推动我国从制药大国向制药强国跨越，更好满足人民群众对药品、医疗器械和化妆品安全的需求。我们也希望通过行之有效的国际合作，进一步实现全球监管的协调趋同和信赖。

第二篇

**行业发展**

# 2020 年全球药品市场回顾与趋势展望

## IQVIA　艾昆纬

## 一、概览

　　COVID-19（新型冠状病毒肺炎）大流行是近几十年最严重的全球卫生危机，其直接和间接的影响对于了解全球药品用量情况至关重要。虽然 COVID-19 具有极大的破坏性，但医疗健康工作仍在继续，全球各地也从 2020 年初的疫情冲击逐渐恢复正常。全球新冠疫苗接种速度和范围都是前所未有的，这也是影响 2025 年及以后药品用量的关键因素。因此，到 2025 年的发展趋势取决于如何应对 COVID-19，及其对非 COVID-19 的医疗健康服务和药品用量的影响。

　　在发达国家市场，新疗法的优势将被专利到期、仿制药和生物类似物的竞争所抵消，预计将继续成为影响药品支出和增长的主要因素。在新兴医药市场，医疗健康服务可及性大幅提高是驱动药品用量变化的主要因素，但这一趋势正在放缓，并将导致许多市场下滑。

　　全球药品市场规模将以 3%~6% 的年复合增长率增长，预计到 2025 年市场总规模将达到约 1.6 万亿美元（不包括新冠肺炎疫苗支出），新冠疫苗的总支出将达到 1570 亿美元，主要集中在将于 2022 年完成的第一波疫苗接种。未来，免疫力的时效性和病毒变异株的不断出现，很可能暴发区域性疫情，预计需要每两年进行一次"强化注射"。

　　到 2025 年，新兴医药市场强劲增长将推动全球药品支出的增长，但在一定程度上被发达国家市场抵消。在发达国家市场，由于大批原研品牌药专利到期，市场独占期结束导致市场的损失超过创新药的支出，增长速度将放缓。

美国市场（以净价计算）未来5年复合年增长率为0~3%，低于过去5年3%的复合年增长率。由于继续实施两年一度的降价政策，全球第三大医药市场——日本的药品支出将持平或下降，但我们可以看到，受专利保护的原研品牌药支出不断增加，与一系列仿制药促进政策相一致。中国将是新兴医药市场规模增长的主要贡献者，预计后疫情时代中国将有更多创新药陆续上市和投入使用，从而推动市场增长。

到2025年，全球两个主要治疗领域——肿瘤和免疫，由于新疗法和药品的涌现，预计将以9%~12%的复合年增长率增长。预计肿瘤领域将在五年内增加100多种新疗法，到2025年，药品支出增加超过1000亿美元，达到2600亿美元以上。预计神经领域会出现许多新疗法，包括新颖的偏头痛疗法、罕见的神经系统疾病以及阿尔茨海默症或帕金森综合征的潜在治疗方法。

## 二、COVID-19的影响

### （一）非处方药用量受到疫情影响，其中镇静/催眠/情绪药物增长14.3%

除了处方药受限明显外，全球许多患者也因为新冠肺炎疫情中断了非处方药（OTC）的使用。全球大多数非处方药治疗成本较低，使用趋势与总体支出增长的变化并行，在2020年9月前的12个月内增速为2.6%；需求变化最大的是镇静、催眠和情绪药物，增加了143%，与大流行期间焦虑、抑郁和睡眠困难的广泛报道相吻合。较低的门槛可能使患者通过自我药物治疗来控制由COVID-19引起的压力；另一个值得注意的是习惯戒断产品需求的下降，最常见的是戒烟口香糖和贴剂，以及减重药的使用，两者都下降了6%~7%（见图1）。患者适应COVID-19的行为复杂多样，这些对自我用药需求的趋势在一定程度上表明全球许多人正在遭受疫情的严重困扰。

（注：数据基于截至2020年9月的年度支出，并将增长与截至2019年9月的年度支出进行比较。习惯戒断产品指戒酒、戒烟等治疗产品）

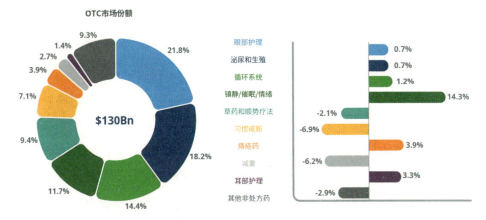

图1　2020年按领域划分的全球非处方药支出和增长

资料来源：IQVIA Global OTC Insights，2020年9月。

### （二）到2020年底，发达国家市场的药品用量基本恢复到2019年初水平

COVID-19对全球经济的破坏在发达经济体中很普遍，2020年第二季度GDP平均下降12%，第三季度强势反弹。到2021年底，发达国家的平均GDP将达到疫情前的95%或更高。疫情对药品用量的影响也很大，首先造成药品用量激增，之后逐步恢复到正常水平，发达国家市场的平均DDD（限定日剂量）在2020年底达到2019年一期水平。受疫情影响最小的国家（主要归功于早期有效的遏制）包括澳大利亚、韩国和日本，而一些受疫情影响严重的国家，包括意大利、西班牙、法国、英国和美国，药品用量受到的影响将长期存在。对药品用量的影响不如对整体经济的影响那么大，这是由于在大多数发达国家中，用于治疗慢性病和减轻活动混乱的药物所占的比例很大。通过电话和互联网会议进行远程访视缓解了疫情期间的看病难，即使在新冠肺炎大流行之前并未广泛使用该技术的国家，这种情况也很普遍。

（注：以2019年第一季度的值为基准。基于IQVIA MIDAS的定义DDD数据）

### （三）COVID-19对新兴医药市场带来的影响不一

COVID-19大流行的早期传播在中国产生了极大的影响，从最初的湖北省

开始，之后蔓延到全国。中国 2020 年第四季度的 GDP 比 2019 年第一季度下降了 8%。由于新兴医药经济体在疫情中展现出强大"韧性"，新兴医药市场的平均 GDP 已恢复到 2019 年 Q1 以上的水平，药品用量比 2019 年 Q1 增长 12%。药品用量变化较大的国家相对较晚出现 COVID-19 大暴发，该影响可能会持续到 2021 年。一直以来，新兴医药市场的人均药物使用量较低，而且不同国家的药品人均使用情况通常差异巨大。

（注：新兴医药市场的定义是人均收入低于 30000 美元且五年医药市场增长超过 10 亿美元的市场。基于 IQVIA MIDAS 的定义的 DDD 数据。由于尼日利亚药品数据未经审计，故未纳入 DDD 分析。以 2019 年第一季度的值为基准）

### （四）COVID-19 引发治疗和疫苗的新需求

随着世界各国逐渐走出疫情困境，许多复杂因素将影响药物使用，包括对 COVID-19 患者的治疗以及对更广泛人群的影响。随着感染人数的增加，部分幸存者表现出一系列多系统症状，其中一些人长期处于虚弱状态。一些无症状感染者表现出一系列难以明确诊断的疾病症状，这意味着疫情可能对数百万人产生挥之不去的影响。

COVID-19 的新疗法和对相关症状的治疗方法已经广泛存在，疫情出现后启动的 1000 多项临床试验已经完成，基于循证证据采取的干预措施，将可能扭转局势。新冠疫苗的开发速度和数量前所未有，全球批准和使用的有 11 种，均在开发启动后不到一年内完成首次接种。这些疫苗有望在未来几年提供给数十亿人。非 COVID-19 患者，特别是那些诊断或治疗因疫情中断的患者，也将长期受到重大影响。这包括可能更高的慢性疾病和心理疾病发生率，以及错过癌症或其他疾病的早期筛查产生的隐患。季节性流感和普通感冒的模式明显受到破坏，因为数十亿人佩戴口罩和保持社交距离，可能产生长期的和意想不到的影响。

**（五）预计到 2025 年，全球用于新冠疫苗的总支出将达到 1570 亿美元**

新冠疫苗的研发和上市速度之快前所未有，这在疫情肆虐阶段势在必行，提高了为全球相当一部分人口接种疫苗的可能性。传染病专家认为，70%以上的人群接受疫苗接种（或实现获得性免疫）后，可能实现"群体免疫"，虽然这一水平不能预防感染，但它会大大降低疫情传播速度乃至大暴发的可能性。该模型基于目前的疫苗接种情况、全球疫苗生产能力以及公布的战略合作协议，建立了一个基准，预测了第一波疫苗接种中每年接种的人数，以及接受加强接种的人数。每人消耗的剂数预计将随着现有疫苗使用组合的变化而变化，即一剂次或两剂次接种，然后过渡到加强注射，预期每两年增加一剂。因为目前疫苗对变异株的有效性以及免疫的期限仍然不确定，预计未来几年，许多人将需要接受新的强化疫苗接种。

（注：情景建模由 IQVIA Institute 根据截至 2021 年 3 月 25 日的公开信息进行。对未来疫苗接种趋势的估计包括来自负责任机构和制造商的公开声明，以及 IQVIA Institute 的建模。每人接种成本是基于对可用疫苗的数量和剂量组合的假设、公布的价格以及 IQVIA Institute 对 2025 年之前各地区普遍存在的价格做出的预测）

## 三、药品使用趋势展望

**（一）未来五年，新兴医药市场药品用量增速放缓，全球药品用量将以低于 1%的 CAGR 增长**

过去十年，全球药品用量持续增长，新兴医药市场的扩张是主要驱动力。未来五年，全球药品用量将以 0.7%的 CAGR（年均复合增长率）增长，预计到 2025 年 DDD 将达到 2.267 万亿（见图 2）。过去五年，低收入国家药物可及性日益降低，预计这种趋势未来将持续，可能危及健康状况的改善。然而，要谨慎地解释这些结果，因为在发达国家和新兴医药市场，慢性疾病需要长时间的治疗，而在低收入国家，对这些疾病的治疗往往短得多。随着健康状况的改善，药品用量并非越多越好。例如，消灭寄生虫病可以减少对相关疾病药品的消耗，这是一种较为理想的结果。

图2　2010—2025年全球药品限定日剂量

资料来源：IQVIA Market Prognosis，2020年9月；IQVIA Institute，2021年1月。

（注：图为 IQVIA Institute 估算的全球药品限定日剂量（DDD）。估算以 IQVIA 审计数据、IQVIA MIDAS 中使用的 WHO-DDD 系数以及 IQVIA Institute 给出的其他 DDD 计算假定条件为依据）

## （二）过去十年，新兴医药市场主要疾病领域的药品用量都有所增加，其中肿瘤的 CAGR 为 30%

在新兴医药市场，随着治疗水平的提高，常见传染病的 DALYs（伤残调整生命年）呈下降趋势。一些国家/地区的药品用量大幅增加，特别是用于肿瘤和病毒性肝炎的药物，这是由于这两个领域涌现出一大批高质量的新疗法。过去十年，治疗病毒性肝炎（包括甲型、乙型和丙型肝炎）的疗效和耐受性取得了显著进步，虽然新兴市场中，这些疾病的负担比例较小，但治愈性疗法为晚期患者带来巨大利益。总体而言，通过提高医疗服务和药品的可及性，新兴医药市场在减轻疾病负担方面取得了重要进展。

### （三）在发达国家市场，肿瘤疾病负担最重，肿瘤药 CAGR 为 14%

在发达国家市场，肿瘤领域药品用量和疾病负担的变化最为剧烈。肿瘤的疾病负担如此之大，部分原因是儿童癌症的流行，儿童癌症可导致寿命缩短和健康寿命损失；癌症 DALYs 的其他驱动因素还包括一些死亡率较高的成人肿瘤。癌症治疗水平的进步，显著提高了许多癌症患者的生存时间和生活质量，但其他方面仍然存在巨大挑战。

## 四、主要国家/地区的药品支出及其增长

### （一）全球医药市场将以 3%~6% 的 CAGR 增长至 2025 年的 1.6 万亿美元

全球医药支出平均每年以 3%~6% 的速度增长，预计到 2025 年将达到 1.6 万亿美元。预计到 2025 年发达国家的 CAGR 为 2%~5%，与近五年的情况相似。近五年，新兴医药市场和低收入国家的药品支出增速有所放缓，低于 2010—2015 年水平。COVID-19 大流行对各国 2020 年药品支出造成不同程度的影响，预计影响将持续到 2022 年，之后有望恢复到原有水平。

（注：不包括对新冠疫苗的预测。支出以美元计算（采用可变汇率），复合年增长率以恒定美元计算（采用 2020 年第二季度汇率）。低收入国家是基于世界银行的分组，人均国民收入低或中等偏下，但不包括一些收入较高的新兴医药市场）

### （二）COVID-19 对主要发达市场的影响各不相同，但预计 2021 年后将保持低个位数稳定增长

在 COVID-19 大流行之前，不同国家的药品支出趋势存在显著差异，预计疫情造成的影响和之后的反弹也将有所不同。美国的药品支出表现得"格外强韧"，但与之前的预期相比，增长趋势略有放缓，到 2025 年的五年复合

年增长率为2%~5%（见图3）。由于2020年4月恰逢两年一度的降价，加之受到COVID-19大流行的影响，日本2020年药品支出大幅下降。疫情对德国、法国和西班牙等国家2020年药品支出的影响较小，随着疫情逐步得到控制，预计在2021年支出水平会出现反弹。意大利是COVID-19疫情初期受影响最大的国家之一，预计需要较长时间才能恢复正常。

图3　2010—2025年全球医药市场规模和增速

资料来源：IQVIA Market Prognosis，2020年9月；IQVIA Institute，2021年3月。

### （三）新冠肺炎对新兴医药市场的影响也有所不同，但预计2021年后将维持"个位数"平稳增长

在包括中国在内的一些新兴医药市场，疫情对药品支出增长的影响非常显著：中国的增长率从2019年的8%骤降至2020年的-3%。预计巴西的支出增长将保持强劲，尽管巴西相对较晚出现COVID-19大暴发，但是其人均感染率在全球处于较高水平，这些因素可能在未来几年对药品支出产生影响。如支付机制健全，越来越多的患者会继续治疗和使用药物。中国药品市场的增长仍是新兴医药市场增长的最大贡献者，其增长的主要动力是创新药物。

**（四）预计疫情后中国的药品支出将加速增长，原研新药数量和使用增加是重要驱动因素**

中国的药品支出已从 2010 年的 560 亿美元增加到 2019 年的 1380 亿美元，由于 COVID-19，到 2020 年略微下降至 1340 亿美元。过去五年，药品支出增长的贡献主力是原研品牌药，这些药多来自跨国公司。原研品牌药平均每年以 12.3% 的速度增长，2020 年支出占比达 28%，而五年前这一数字为 20%。未来，中国将更加频繁地更新国家医保药品目录（NRDL），这将加速推进更多的原研新药纳入医保，从而导致更高水平的支出。在接下来的五年中，原研品牌药和仿制药都将以 9.4% 的 CAGR 增长，而其他类型产品的 CAGR 则不到这个数字的一半。未来五年，中国药品支出将增加近 500 亿美元，预计到 2025 年将超过 1700 亿美元。

## 五、重点治疗领域

**（一）预计到 2025 年，全球两个主要治疗领域——肿瘤和免疫将以 9%~12% 的 CAGR 增长**

随着新疗法的不断推出，肿瘤仍将是支出的主力，但一些广泛使用的疗法将面临生物类似物的竞争，综合下来，预计到 2025 年肿瘤的 5 年 CAGR 为 9%~12%（见图 4）。针对免疫疾病（包括类风湿性关节炎、溃疡性结肠炎、克罗恩病、银屑病和相关疾病，以及一系列新的自身免疫性皮肤病）的自身免疫疗法支出，将会以 9%~12% 的 CAGR 增长，与肿瘤类似，生物类似物的使用也会导致支出下降。在欧洲，领先的免疫治疗药物已经面临生物类似物的竞争；但在美国，预计将在 2023 年阿达木单抗生物类似物上市时面临类似局面。糖尿病是全球第三大治疗领域，尽管药品降价幅度很大，可能会导致支出大幅降低，但药品支出仍将以平均每年 4%~7% 的速度增长，预计到 2025 年将达到近 1500 亿美元。神经系统药物支出预计将以 3%~6% 的 CAGR 增长，到 2025 年将超过 1400 亿美元，这主要得益于一系列罕见的神经系统疾病陆续有新疗法获批或处于研究中，以及像阿尔茨海默症或帕金森综合征这样患者基数大的常见疾病可能会采用新疗法。未来五年，增长最快的类别将是疫苗（包括 COVID-19 疫苗），CAGR 为 12%～15%，随着支出增速逐步放缓，这一数据可能偏保守。

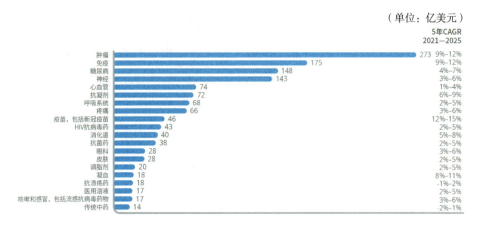

（单位：亿美元）

图 4　2025 年全球支出前 20 名治疗领域，预测 5 年 CAGR，以恒定美元计算
资料来源：IQVIA Institute，2021 年 2 月。

（注：肿瘤只包括治疗性肿瘤药物，不包括支持性护理。免疫包括针对一系列疾病的小分子和生物大分子药物。神经包括中枢神经系统紊乱治疗和心理疾病治疗，但不包括疼痛管理或麻醉。疼痛包括麻醉和非麻醉镇痛药、肌肉松弛剂和偏头痛治疗。心血管包括高血压和除调脂剂外的其他心血管治疗）

## （二）由于生物类似物的使用，全球肿瘤药支出增速将放缓至 10%，预计到 2025 年超过 2600 亿美元

到 2025 年，全球肿瘤治疗支出 5 年 CAGR 预计将放缓至 10%，这是由于生物类似物的使用将抵消新疗法带来的持续增长。预计未来五年，肿瘤药物支出将增加 1060 亿美元，增幅为 45%，平均每年增长 9%～12%。基于现有管线，预计将有超过 100 种肿瘤新药投入使用，随着精准医疗和生物标志物驱动的疗法变得越来越普遍，肿瘤疗法会越来越精准。

虽然一些泛瘤种治疗药物正在开发中，一些基于生物标志物、基因突变

或组织不确定类肿瘤药物获批，但是针对特异的肿瘤或生物标志物、无法应用到更广泛患者群的肿瘤药物数量也与日俱增。除了生物标志物驱动的治疗选择增多，发达国家市场将受益于下一代测序技术（NGS）的更广泛使用，该技术可以一次检测多种潜在突变，从而指导肿瘤治疗的精准化。在采用此技术的早期阶段，基于血液样本的 NGS 液体活检在肿瘤早筛中更具潜力，结果的可信度大大提高。尽管会有不少创新药陆续上市，预计生物类似物的使用将导致药品支出增长放缓。

# 中国创新药国际化形势与展望

中信证券研究部　陈竹　刘泽序

## 一、多重条件共同助力，创新药迎来黄金发展期

创新药在国内用药结构中占比较低，增量空间广阔。受限于早期技术、人才、政策、消费水平等，我国药企的创新研发起步较晚，目前国内市场仍以仿制药为主，根据草根调研，2020 年创新药的占比不足 10%，与美国（创新药占比约 80%，IQVIA 数据）等发达国家相比仍有巨大差距。随着近年政策的大力推动和支付环境的大幅改善，疗效更优、安全性更高的创新药占比有望快速提升见图 1、图 2。

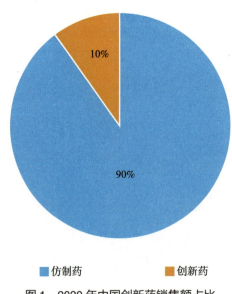

■ 仿制药　　　■ 创新药

图 1　2020 年中国创新药销售额占比

资料来源：草根调研，中信证券研究部。

图2 美国创新药与仿制药销售额占比

资料来源：IQVIA，中信证券研究部。

## （一）行业利好政策频出，药品审评与医保纳入加速

近年，随着一系列提高药品审评审批效率政策的推进，国家药监局药品审评中心（CDE）药品审评堆积情况也大幅改善，排队待审评数量从2015年9月最高峰的22000件迅速减少至2020年的4882件（见图3）；中国药品审评相比欧美的滞后期也大幅缩减，从2017年中国相比美国和欧盟分别滞后的85个月和84个月，分别减少至2018年的28个月和31个月（见图4）。医保政策方面，2019年和2020年进行的医保目录调整使调整频率从两年一次降至一年一次，此外，从2016年开始我国还每年一次进行的创新药医保谈判，使创新药有更多机会被纳入医保；根据国家药监局和国家医保局资料分析，2017—2020年新药从上市到纳入国家医保目录时间差平均值分别为8.7年、5.3年、4.5年、1.8年，时间差逐渐缩短。2020年医保目录调整方案放宽新药获批上市时间至当年8月17日，给予刚获批创新药更快的准入时间。

## （二）人才优势与CXO行业崛起，助力创新药行业发展

近年来，不断增长的国内毕业研究生与留学回国人员为国内创新药企业输送了大量科研人才，同时相对较低的专业人才薪酬帮助企业以更低成本进

图3　2014—2020年国产1类化学创新药注册申请情况（个）

资料来源：CDE，中信证券研究部。

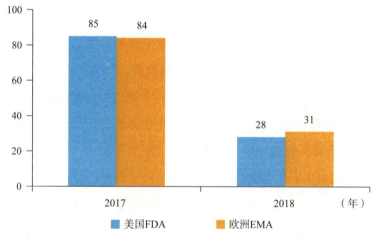

图4　中国相较于FDA和EMA的药品审评滞后期（月）

资料来源：Deloitte LLP，2018，中信证券研究部。

行创新研发。针对此前我国创新药发展长期面临的专业人才短缺难题，伴随利好海归高端人才政策的落实，大量海归科学家回国创业掀起热潮，使得中国创新药行业焕发新生。

## （三）资本市场大力支持医药创新

一级市场方面，我国医疗健康行业热度不减，根据清科研究院数据，

2020 年获得投资金额为 1770.87 亿元，位列投资市场一级行业中的第一名；其中，国内生物医药领域融资事件高达 274 件，占医疗健康领域全部融资事件的 36.9%，融资总额达 797 亿元，占医疗健康领域融资总金额的 50.4%，为最热门领域。二级市场方面，科创板和注册制助力医药创新公司腾飞。医疗创新企业一般具有研发周期长、前期投入巨大、盈利较晚的特点，尤其在创新药领域，而科创板为尚未盈利的高新企业提供了上市机会，如泽璟制药、百奥泰、神州细胞等企业在上市时均无在售产品。

## 二、本土创新药发展迅速，进入放量暴发期

### （一）国产创新药研发提速，迎来上市井喷期

从创新药上市数量看，近年来我国药审中心批准上市的国产创新药数量逐年增加，根据 CDE 官网数据，2018 年、2019 年、2020 年上市国产创新药分别为 9 款、12 款、9 款，相比 2015—2017 年合计仅 8 款、产出明显加快；2021 年上半年，获批创新药达到 41 款，其中国产创新药获批数量达到 19 款，是 2020 年全年的两倍之多（见图 5）。此外，根据 Insight 数据，从国产创新药临床开展数量看，2015—2020 年国产创新药临床项目显著增多，从 2015 年的 198 项增长到 2020 年的 887 项，其中 2020 年较 2018 年增加了 234 项，同比增长 35.8%，仍保持快速增长趋势（见图 6）。在众多的创新药在研项目支撑下，预计未来有望保持每年上市 10 款以上国产创新药的态势。

### （二）国产创新药放量迅速，医保谈判以价换量

一方面，得益于支付环境的大幅改善，创新药可及性显著提高；另一方面，创新药相关的学术教育和临床推广能力有了明显提升。以 PD-1 单抗为例，国内最早获批的拓普、达伯舒上市时间仅两年，2020 年销售额就分别达到 10 亿元、23 亿元。同时，自 2016 年开始的一年一度的医保谈判，大大加快了创新药的放量，2016—2020 年医保谈判被纳入医保的药品价格降幅分别为 58.6%、44%、56.7%、60.7%、50.6%，进入医保后实现以价换量。以吡

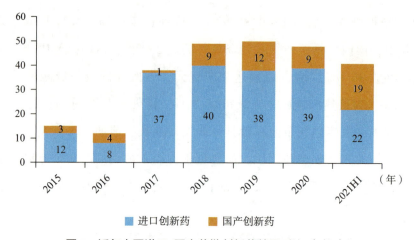

**图5 近年中国进口/国产获批创新药数量对比（款）**

资料来源：CDE 官网，中信证券研究部。

**图6 国产创新药临床开展项目数量（项）**

资料来源：Insight 数据库，中信证券研究部。

咯替尼、硫培非格司亭为例，2019 年经样本医院销售额分别为 3000 万元、2700 万元，2019 年经医保谈判进入医保后，2020 年样本医院销售额分别为 3.21 亿元、4.96 亿元。

## （三）药品市场持续增长，创新药增量空间尤为广阔

伴随着经济发展和国家相关产业政策的支持，中国药品终端市场规模逐

年增长，根据米内网数据，2019 年我国药品终端市场销售额为 17955 亿元。假设中国药品终端市场规模年化增长率为 6%，到 2025 年市场规模将达 25470 亿元。假设 2019 年我国创新药销售额占整体药物规模的比重为 8%，到 2025 年提升至 30%，则创新药市场将由 1436 亿元提升至 7641 亿元，增长空间为 6205 亿元，2019—2025 年我国创新药规模 CAGR 将高达 32.12%。

## 三、国际化潜力崭露头角，产品进军全球市场

国产肿瘤创新药发展迅速，与欧美发达国家的差距逐步缩小。在国家出台的一系列鼓励药企研发创新的政策下，国产肿瘤创新药迎来快速发展。从全国肿瘤药物新立项临床试验数量上看（见图 7），2019 年本土公司在肺癌、胃癌、乳腺癌等国内常见瘤种药物上的立项数量均超过跨国公司；从 2019 年正在进行的全球肿瘤 I 期临床研究数量看（见图 8），美国 675 项、欧洲地区 327 项、中国 238 项、日本 44 项、韩国 29 项，中国已经远超日本、韩国，向欧美国家逼近。我们认为，国内企业的肿瘤创新药研发能力已崭露头角，凭借大量的在研临床项目，未来国产创新肿瘤创新药上市数量将迎来爆发式增长，我国创新药研发能力有望逐步缩小与欧美国家的差距。

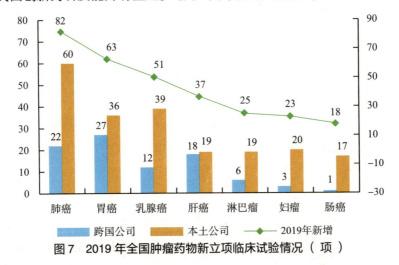

图 7　2019 年全国肿瘤药物新立项临床试验情况（项）

资料来源：CSCO（中国临床肿瘤医学会），CDE 官网，中信证券研究部。

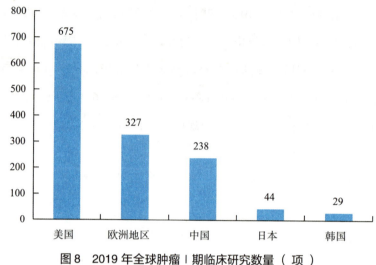

图8　2019 年全球肿瘤Ⅰ期临床研究数量（项）

资料来源：CSCO，Clinicaltrial，中信证券研究部。

### （一）PD-1 研发进度全球领先，临床疗效不输进口药物

PD-1/PD-L 是最近几年全球瞩目的肿瘤免疫疗法创新药，目前全球已上市 12 款产品（8 个 PD-1、4 个 PD-L1），其中 6 款为我国企业研发，进度全球领先。从临床数据看，我国多家药企的 PD-1 产品在多个适应症中疗效显著，疗效不输进口药物。如信达生物的信迪利单抗，其在一线非鳞 NSCLC（非小细胞瘤）的随机、双盲、Ⅲ期对照临床研究中，患者 PFS（无进展生存期）达到 8.9 个月，肿瘤进展风险下降了 52%，ORR（客观缓解率）则由 29.8%提高至 51.9%，疗效显著，不输于帕博利珠单抗；君实生物的特瑞普利对于晚期尿路上皮癌二线治疗具有较好的长期和短期疗效，其 PFS 为 2.5 个月，OS（总生存期）达到 20.8 个月，总人群 ORR 为 25.2%，其中对 PD-L1 阳性患者的 ORR 高达 39.6%。其 PFS、ORR 指标在 PD-1/PD-L1 同类药物中均具备显著优势。

### （二）逐步向高层次 First-in-class 转变，步入创新模式升级阶段

截至 2021 上半年，我国 821 款处于不同临床开发阶段的抗癌候选药物中，404 款为 me-too/me-better 药物，359 款为 first-in-class 药物。未来有将

近一半药物为 first-in-class。尽管部分靶点的竞争比较激烈，也有一些细分领域仍然是蓝海市场，包括很多 first-in-class 靶点和一些竞争尚未白热化的领域。譬如在细胞免疫领域，我国 first-in-class 药物布局众多，未来仍有很大市场空间。

另外，CDE 发布临床研发指导原则，利好具备真正全球创新潜力的龙头药，随着未来临床对照药选择标准新政的落地，新药研发将逐渐向 BIC 和 FIC 演变，真正具备创新发现能力的药企不断推出新药更新换代，驱动公司长期发展。预计未来药品领域行业集中度将不断提升，呈现强者恒强态势。

## （三）多个国产创新药物海外进展顺利，密集进入 NDA 阶段

国产药品在美国已获得多项资格认证。尤其门槛较高的美国 FDA 的突破性疗法认证，包括百济神州的 BTK 抑制剂泽布替尼、基石药业的 PD-L1 抗体舒格利单抗、君实生物的 PD-1 抗体特瑞普利单抗和荣昌制药的 ADC 产品维迪西妥单抗等（见表 1）；此外，本土药企获得多项孤儿药资格认证和快速通道审评资格认定，优质产品正逐渐获得海外市场的认可。其中，百济神州的小分子 BTK 抑制剂泽布替尼已经在美获批上市；金斯瑞 CAR-T 疗法、和黄医药的 VEGFR 抑制剂索凡替尼、信达生物的 PD-1 抑制剂信迪利单抗和君实生物的 PD-1 抑制剂特瑞普利单抗等均已密集进入上市申请的审评阶段，有望在近期陆续获批（见表 2）。

表 1　部分国产药物获 FDA 资格认证情况

| 认证类型 | 公司 | 产品 | 靶点 | 适应症 |
|---|---|---|---|---|
| 突破性疗法 | 君实生物 | 特瑞普利单抗 | PD-1 | 转移性鼻咽癌 |
| | 基石药业 | 舒格利单抗 | PD-L1 | 自然杀伤细胞/T 细胞淋巴瘤 |
| | 百济神州 | 泽布替尼 | BTK | 复发/难治性套细胞淋巴瘤 |
| | 荣昌制药 | 维迪西妥单抗 | HER2 | 晚期或转移性尿路上皮癌 |
| | 万春医药 | 普那布林 | GEF-H1 | 嗜中性粒细胞减少症 |
| | 诺诚健华 | 奥布替尼 | BTK | 复发/难治性套细胞淋巴瘤 |
| | 康方生物 | 派安普利单抗 | PD-1 | 转移性鼻咽癌 |

续 表

| 认证类型 | 公司 | 产品 | 靶点 | 适应症 |
|---|---|---|---|---|
| 孤儿药 | 君实生物 | 特瑞普利单抗 | PD-1 | 黑色素瘤、鼻咽癌、软组织肉瘤 |
| | | 替雷利珠单抗 | PD-1 | 经典型霍奇金淋巴瘤 |
| | 百济神州 | 泽布替尼 | BTK | 食道癌 |
| | | APG115 | MDM2-p53 | 胃癌、急性髓系白血病 |
| | 亚盛医药 | APG1252 | Bcl-2/Bcl-xL | 小细胞肺癌 |
| | | APG2575 | Bcl-2 | 华氏巨球蛋白血症、慢性淋巴细胞白血病等 |
| | | HQP1351 | BCR-ABL | 慢性髓性白血病 |
| | 依生生物 | YS-ON-001 | NK 细胞、巨噬细胞、T 细胞 | 肝癌、胰腺癌 |
| 快速通道审评 | 徐诺药业 | Abexinostat | HDAC | 实体瘤 |
| | 和黄医药 | 索凡替尼 | VEGFR | 神经内分泌瘤 |
| | 索元生物 | DB102 | PKCβ、PI3K、AKT | 弥漫性大 B 细胞淋巴瘤 |

资料来源：各公司公告，中信证券研究部。

## 表2　部分国产药物在美临床进展情况

| 药品 | 公司 | 靶点机制 | 适应症 | 临床进度 |
|---|---|---|---|---|
| 泽布替尼 | 百济神州 | BTK | 慢性淋巴白血病等 | 上市 |
| LCAR-B38M | 金斯瑞 | BCMA | 多发性骨髓瘤 | NDA |
| 索凡替尼 | 和黄医药 | VEGFR | 神经内分泌瘤 | NDA |
| 信迪利单抗 | 信达生物 | PD-1 | 肺癌等 | NDA |
| 特瑞普利单抗 | 君实生物 | PD-1 | 鼻咽癌等 | NDA |
| 贝格司亭 | 亿帆医药 | rhG-CSF-Fc | 嗜中性粒细胞减少症 | NDA |
| 普那布林 | 万春药业 | GEF-H1 | 嗜中性粒细胞减少症 | NDA |
| 恩沙替尼 | 贝达药业 | ALK | ALK+非小细胞肺癌 | pre-NDA |
| 卡瑞利珠单抗 | 恒瑞医药 | PD-1 | 肝癌等 | pre-NDA |

资料来源：各公司公告，中信证券研究部。

## （四）创新药海外权益转让案例增多，研发实力受国际认可

2020 年以来，国内企业创新药权益转让案例明显增多（见表3），其中天境生物授予艾伯维 lemzoparlimab（TJC4）在大中华区以外的国家及地区开发和商业化的许可权；君实生物授予礼来制药 JS016 在大中华地区外开展研发活动、生产和销售的独占许可权；信达生物授予礼来制药信迪利单抗在中国以外地区的独家许可权；复创医药授予礼来制药对复创医药 BCL-2 选择性小分子抑制剂 FCN-338 在除中国大陆、香港及澳门地区以外的商业化权益。创新药海外权益的转让，证明我国药企研发实力不断壮大，逐渐被跨国大药企认可，预计未来 license-out 的案例会逐渐增加。

表3　自主创新药海外权益转让情况（部分）

| 转让方 | 受让方 | 产品 | 金额 | 时间 |
|---|---|---|---|---|
| 和黄医技 | 阿斯利康 | 沃利替尼（Volitinib, HMPL-504）在全球除中国的开发并承担所有研发费用 | 首付款 2000 万美元，最高可达两位数百分比提成的专利费 | 2011 |
| 和黄医药 | 礼来制药 | 呋喹替尼 | 预付费用和里程牌费用 8650 美元 | 2013 |
| 信达生物 | 礼来制药 | IBI308，IBI301 | 首付及里程碑付款 33 亿美元 | 2015 |
| 恒瑞医药 | Incyte | PD-1 单抗 SHR1210 | 首付款 2500 万美元 | 2015 |
| 传奇生物 | 杨森 | LCAR－B38M/JNJ－4528 的 BCMA CAR-T 产品 | 3.5 亿美元首付款及后续里程碑付款 | 2017 |
| 恒瑞医药 | TG Therapeutics | SHR-1459；SHR-1266 | 3.5 亿美元 | 2018 |
| 复宏汉霖 | KG Bio | HLX 东南亚 10 个国家开发权利 | 6.92 亿美元 | 2019 |
| 信达生物 | Coherus BioSciences | 贝伐珠单抗生物类似药，加拿大和美国商业化权益 | 首付款、里程碑付款 4500 万美元，未来双位数百分比销售分成 | 2020 |
| 豪森药业 | EQRx | 阿美替尼中国境外开发、生产、商业化权益 | 首付款、里程碑付款 1 亿美元 | 2020 |

续 表

| 转让方 | 受让方 | 产品 | 金额 | 时间 |
|---|---|---|---|---|
| 复创医药 | 礼来制药 | FCN-338 在中国除大陆、香港、澳门外地区的商业化权益 | 4000 万美元首付款及最高 4 亿美元开发及销售里程碑付款 | 2020 |
| 天境生物 | 艾伯维 | lemzoparlimab（TJC4）在大中华区以外的国家及地区开发和商业化的许可权 | 首付款 1.8 亿美元，额外 2000 万美元 I 期临床里程碑付款，最高 17.4 亿美元的里程碑付款 | 2020 |
| 加科思 | 艾伯维 | SHP2 项目（JAB-3068 和 JAB-3312）的独家许可权 | 首付款 4500 万美元 | 2020 |
| 翰森制药 | EQRx | 第三代 EGFR-TKI 阿美替尼（及任何包含或由阿美替尼组成的产品）在中国境外开发、生产和商业化 | 首付款和注册与发展里程碑付款约 1 亿美元 | 2020 |
| 基石药业 | EQRx | 舒格利单抗及 CS1003 在除大中华地区以外全球市场的独家商业化权利 | 1.5 亿美元的首付款，以及最高可达 11.5 亿美元的里程碑付款以及额外的分级特许权使用费 | 2020 |
| 君实生物 | 礼来制药 | JS016 在大中华地区外开展研发活动、生产和销售的独占许可权 | 首付款 1000 万美元，最高 2.45 亿美元的里程碑款 | 2020 |
| 信达生物 | 礼来制药 | 信迪利单抗在中国以外地区的独家许可权 | 首付款 2 亿美元，8.25 亿美元的开发和销售里程碑付款 | 2020 |
| 百济神州 | 诺华 | 替雷利珠单抗在多个国家的开发、生产与商业化，授权区域包括美国、加拿大、欧盟成员国等 | 6.5 亿美元的首付款，及最高可达 13 亿美元的里程碑付款 | 2021 |
| 君实生物 | Coherus | 特瑞普利单抗在美国和加拿大的独占许可，以及两个早期阶段检查点抑制剂抗体药物的优先谈判权 | 最高 11.1 亿美元的首付款、可选项目执行费和里程碑付款 | 2021 |

续　表

| 转让方 | 受让方 | 产品 | 金额 | 时间 |
|---|---|---|---|---|
| 艾力斯 | ArriVent Biopharma | 获得伏美替尼除中国（中国大陆、香港、澳门和台湾地区）以外全球其他地区的独家开发及商业化许可权 | 4000万美元首付款，ArriVent公司的部分股权，可高达7.65亿美元的注册和销售里程碑付款，以及可高达两位数的销售提成 | 2021 |

资料来源：各公司公告，中信证券研究部。

第三篇

# 对外贸易

# 新冠疫情下中国医药对外贸易发展趋势与展望

中国医药保健品进出口商会 信息部

2020 年以来，新冠肺炎疫情给世界经济、全球贸易带来巨大冲击，全球医药供应链、产业链也深受影响。尽管遭遇重重挑战，中国医药产品对外贸易仍取得优异成绩：2020 年中国医药进出口总额达到了创纪录的 2576.46 亿美元，同比增长 52.34%。其中，出口 1778.47 亿美元，同比增长 92.59%，进口 797.99 亿美元，同比增长 3.93%（见表 1）。防疫物资出口贡献了主要出口增幅，我国防疫类医疗产品在全球抗疫中发挥了重要作用。

新冠疫情暴发的特殊时期，中国医药外贸总体格局发生重大变化，呈现出新的发展趋势。

表 1　2020 年中国医药保健品进出口统计

（单位：亿美元）

| 商品名称 | 出口额 | 同比（%） | 进口额 | 同比（%） | 进出口额 | 同比（%） |
|---|---|---|---|---|---|---|
| **中药类** | **42.76** | **6.14** | **20.90** | **3.68** | **63.66** | **5.32** |
| 提取物 | 24.47 | 2.90 | 7.74 | −8 | 32.21 | 0.05 |
| 中成药 | 2.61 | −0.79 | 2.9 | −26.05 | 5.50 | −15.92 |
| 中药材及饮片 | 13.15 | 15.15 | 2.32 | 2.50 | 15.47 | 13.05 |
| 保健品 | 2.64 | 3.73 | 8.1 | 43.78 | 10.74 | 31.33 |
| **西药类** | **446.79** | **14.50** | **434.96** | **2.57** | **881.75** | **8.29** |
| 西药原料 | 329.65 | 4.94 | 97.13 | −6.93 | 426.79 | 1.98 |
| 西成药 | 49.28 | 14.33 | 196.39 | −0.08 | 245.67 | 2.51 |
| 生化药 | 67.86 | 105.7 | 141.44 | 14.85 | 209.3 | 34.05 |
| **医疗器械类** | **1288.92** | **161.47** | **342.13** | **5.73** | **1631.05** | **99.75** |
| 医用敷料 | 670.23 | 713.98 | 20.36 | 170.91 | 690.58 | 668.57 |
| 一次性耗材 | 277.72 | 47.74 | 66.16 | −3.17 | 343.88 | 34.17 |

续 表

| 商品名称 | 出口额 | 同比（%） | 进口额 | 同比（%） | 进出口额 | 同比（%） |
|---|---|---|---|---|---|---|
| 医院诊断与治疗 | 239.05 | 68.58 | 225.93 | 5.84 | 464.98 | 30.89 |
| 保健康复用品 | 87.50 | 30.55 | 19.69 | −15.84 | 107.19 | 18.55 |
| 口腔设备与材料 | 14.12 | 4.46 | 9.93 | −8.22 | 24.05 | −1.18 |
| 总计 | 1778.47 | 92.59 | 797.99 | 3.93 | 2576.46 | 52.34 |

资料来源：中国医保商会根据中国海关数据统计。

注：本表基于八位海关编码统计，部分编码涵盖非医用产品，如化工、纺织、橡胶等产品，同时未涵盖部分十位编码医药产品。

# 一、趋势

## （一）防疫物资出口唱主角

我国有着完善的医药供应链和产业链，是医药、医疗物资生产和出口大国，得益于对疫情大规模蔓延的有效控制，中国国内最早实现了全面复工复产。在全球新冠肺炎疫情大流行时期，世界各国加大了对中国防疫医疗物资的依赖。

海关统计数据显示，2020年3月至2020年底，全国海关共验放出口主要防疫物资价值4385亿元。其中，口罩出口2242亿只，相当于为除中国以外的全球每人提供了近40个口罩。出口防护服23.1亿件、护目镜2.89亿副、呼吸机27.1万台、新冠病毒检测试剂盒10.8亿人份。[①]

2021年上半年，我国医药产品出口继续平稳发展。随着各国疫情缓解，本土制造业逐步恢复，口罩、防护服等产品出口额下降较大，但家用健康产品、检测试剂等产品出口继续大幅增长。上半年口罩、防护服、呼吸机、新冠肺炎诊断试剂、红外线人体测温仪五类防疫物资出口176.4亿美元，德国、英国、美国、日本、奥地利、法国、荷兰、意大利、加拿大、西班牙为前十大采购国。

---

① 海关总署2020年全年进出口情况新闻发布会，2021年1月14日。

同时，随着全球部分国家常规诊疗活动逐渐恢复，部分非抗疫类西药原料药、制剂及医疗器械产品出口逐步恢复正常。

### （二）疫苗国际化迈上新台阶

数据显示，2020 年中国人用疫苗出口总额 2.89 亿美元，同比增长了 2.5 倍，创历史新高。新冠肺炎疫情在全球的持续蔓延促使疫苗需求迫在眉睫。这一次，中国疫苗生产企业在新冠疫苗的研发和产业化上都走在全球前列，中国新冠疫苗在部分国家被紧急批准使用和注册上市促成了 2020 年疫苗出口的大幅增长。2021 年 1—7 月，疫苗出口继续放量，出口额高达 75 亿美元，出口国以发展中国家为主，出口额超过 1 亿美元的国家有 20 个，前十大出口目的国为印尼、土耳其、巴西、墨西哥、巴基斯坦、阿联酋、马来西亚、泰国、摩洛哥、菲律宾。

疫情使中国疫苗国际化格局发生变化。长期以来，我国疫苗产品出口体量不大，出口额占医药健康类产品比重较小，2019 年人用疫苗出口额为 1.15 亿美元，不及当年医药健康产品出口额的千分之二。新冠病毒疫苗出口量的大幅增加将提高中国疫苗的国际影响力和认可度，快速提升疫苗国际化进程。目前我国已有 6 款新冠病毒疫苗在境外成功上市或获得紧急使用授权，两款进入世卫组织紧急使用清单和"新冠疫苗实施计划"采购清单，体现了国际组织对中国医药产业和监管的信任和支持。在 2021 年 8 月举行的新冠疫苗合作国际论坛首次会议上，习近平主席指出，中国始终秉持人类卫生健康共同体理念，向世界特别是广大发展中国家提供疫苗，积极开展合作生产，2021 年全年中国将努力向全球提供 20 亿剂疫苗。①

### （三）欧美市场稳步发展，"一带一路"新兴市场表现优异

欧盟、美国仍是我国医药出口前两大目的地，2020 年，中国对欧盟出口529.9 亿美元，对美国出口医药产品 414.1 亿美元，合计占比 53%，美国、英

---

① 习近平向新冠疫苗合作国际论坛首次会议发表书面致辞. 新华社，2021 年 8 月 5 日，http://www.xinhuanet.com/politics/2021-08/05/c_1127734577.htm.

国、日本、德国、印度、法国、意大利、韩国、加拿大、荷兰为前十大出口国。

2020 年，我国出口"一带一路"沿线国家医药产品 525.3 亿美元，同比大幅增长 75%，占整体医药出口额的 29.5%。新冠肺炎疫情之下，中国与共建"一带一路"国家不断完善多双边及区域合作机制，着力深化双边经贸合作，贸易往来热度不减。

2021 年上半年，西药类产品对"一带一路"沿线国家和地区的出口表现优异，出口额达到 138 亿美元，同比增长 69%，其中仅疫苗出口额就近 40 亿美元，已配定剂量免疫制品出口额也近 12 亿美元，同比增长 167%。

### （四）国际化驱动力不断增强

随着我国药品监管制度不断与国际接轨，国内企业研发创新实力提升，中国制药企业国际化动力与日俱增。2015 年以来，中国拉开药品、医疗器械和化妆品审评审批制度改革创新的大幕，持续深化药品、医疗器械和化妆品审评审批制度改革。一方面，从《药品管理法》《医疗器械监督管理条例》的全面修订，产品上市许可持有人、药物警戒和药品质量受权人制度的引入，到中国加入 ICH 并成为管委会成员国，为医药产业的全方位国际合作创造了条件。另一方面，在仿制药集采、创新药医保谈判等政策影响下，国内市场空间面临压力，促使企业寻找新的合作模式，开拓广阔的国际市场。

截至 2020 年底，我国制药企业获得美国 ANDA（简略新药申请）文号已有 400 多个，约一半产品实现商业化销售。2020 年，虽然疫情对企业产品注册和现场检查带来较大影响，但企业开拓国际市场的热情未减，依旧有 26 家企业（含境外子公司）96 个 ANDA 在美国获批，且其中不乏新面孔。[①]

同时，越来越多的优质国产创新型药企开始将目标瞄准海外市场，在研发临床端，本土创新药企业采用全球临床开发策略，通过海外同步注册临床试验，进行全球市场布局；交易端，逐渐由 License-in 走向越来越多的

---

① 年度盘点 | 2020 年中国药企获 FDA 批准 96 个 ANDA. 戊戌数据，2021 年 1 月 5 日，https:// mp.weixin.qq.com/s/7scj9g6vMFqZKG1w4kNQyQ.

License-out。2020 年，信达生物、天镜生物、基石药业等多家药企实现对外项目授权，与跨国企业的合作也日益增多，中国创新力量越来越受到全球范围关注。

## 二、展望

当前，新冠肺炎疫情仍在全球发展，且病毒频繁变异，全球经贸活动在未来仍将受到很大影响。我国医药外贸企业仍面临诸多挑战：国际物流成本持续上升，海运一箱难求、空运航班减少；原材料价格大幅上涨，出口利润缩水；人民币汇率频繁震荡，影响订单达成；无法进行正常国际商务交流，国外监管机构人员无法来华现场检查、审核等。

危中有机，中国医药外贸在后疫情时期同样存在发展机会。

### （一）各国加大公共卫生投入，中国高性价比产品空间大

新冠肺炎疫情大流行给全球公共卫生带来了巨大挑战，暴露出各国在重大疫情防控机制、公共卫生应急管理体系等方面存在的短板和不足。不管是发达国家还是发展中国家，未来加大医疗卫生体系建设投入势在必行，这将为供应链完善的中国企业带来更多的市场机会。如欧盟将启动 EU4HEALTH 计划，预计 7 年内（2021—2027 年）投入 94 亿欧元，以在欧盟内建立有韧性的卫生系统，其中 31 亿欧元用于医疗物资战略储备。此外，疫情后全球多国政府面临更大的财政压力，政府主导的公卫项目以及私营医疗集团的采购都对价格更加敏感，中国高性价比的产品将更具优势。[①]

新冠肺炎疫情客观上推进了中国防疫物资的全球知名度，疫情引发的集中采购给部分企业拓展了海外高端客户群。在此过程中，高端市场认可了中国产品的品牌价值和产品竞争力，品牌影响力在短时间内得以大幅提升，这有利于企业进入全球高端市场。

---

① 《迈瑞医疗：2021 年半年度报告》，2021 年 8 月。

## （二）新兴市场存在更大机会空间

共建"一带一路"倡议为提高我国医药产业国际化水平提供了新的历史机遇，在促进医药贸易多元化的同时，对推动全球医药产业更加均衡、包容和可持续发展起到重要作用，也使越来越多的国家收获红利。"一带一路"沿线国家具有庞大的人口基数和市场容量，但是公共卫生体系较为脆弱，制药工业基础相对薄弱，这为医疗卫生领域的合作提供了很多机会。

截至2021年6月，中国已同140个国家和32个国际组织签署了206份共建"一带一路"合作文件，覆盖27个欧洲国家、37个亚洲国家、46个非洲国家、11个大洋洲国家、8个南美洲国家和11个北美洲国家。在全球抗击疫情的过程中，中国和世界各国尤其是"一带一路"沿线国家都保持着积极有效的沟通，守望相助，携手抗疫，并在卫生医疗健康未来的发展方面有了方向上的初步共识，这为中国企业参与"一带一路"医疗健康基础建设指明了方向，未来"一带一路"新兴市场有望成为我国医药外贸新的长期增长驱动力。

## （三）RCEP 带来新机遇

2020年11月，我国与东盟十国及日本、韩国、澳大利亚、新西兰共同签署了《区域全面经济伙伴关系协定》（RCEP）。RCEP成为参与人口最多、成员结构最多元、发展潜力最大的自由贸易区。

RCEP协定总体涉及货物贸易、服务贸易、投资等方面内容。在货物贸易方面，RCEP协定生效后，区域内90%以上的货物贸易将最终实现零关税，未来，随着原产地规则、检验检疫等区域内统一规则落地实施，RCEP区域内货物贸易便利性将显著提升。2020年我国对RCEP国家出口医药产品326.8亿美元，进口139.7亿美元。

RCEP实行原产地积累规则，按照RCEP的规则来确定货物原产地时，RCEP协定下的15个成员国被作为一个经济区域对待，只要是RCEP成员国对原产于其他成员国的材料或货物进行加工，则该材料就可视为原产于加工国。原产地累积原则对于我国医药医疗企业在区域内寻找更多优质供应商，提升自身国际竞争力，助力构建国内国际双循环发展格局有一定的积极影响。

总体而言，RCEP 的签署有望减少我国部分优势产品对协议缔约方市场出口的成本，并扩大药用植物、高端制剂、医疗设备及高值耗材的进口。

## 参考文献

［1］商务部国际贸易经济合作研究院. 中国"一带一路"贸易投资发展报告 2021.

［2］张黎. 抓住 RCEP 机遇，加速国际化进程［J］. 医药经济报，2021（17）：A2.

# 中国中药进出口及国际化形势分析

中国医药保健品进出口商会　李辉　于志斌

　　新冠肺炎疫情以来，汇率、海运费等原本较稳定的因素近来变动频繁，海外贸易复杂度骤增。在"稳外贸、稳外资、促消费"政策引领下，我国医药行业攻坚克难，有效应对严峻复杂环境变化，总体实现对外贸易平稳发展。尤其是中药类产品贸易，疫情后快速恢复，甚至超越疫情前的增速呈现出了新一波的增长行情。

　　海关统计数据显示，2021 年上半年，我国中药贸易总额 35.59 亿美元，同比增长 16.3%。其中，出口额为 23.09 亿美元，同比增长 7.4%；进口额为 12.49 亿美元，同比增长 37.4%。

## 一、中药类商品进出口概况

### （一）后疫情时代，提取物出口放量

　　植物提取物一直以来都是中药类出口的大品种，基本保持较高的出口增速。其涉及的提取物品种已不再是二十年前的中药提取物简单概念，目前的植物提取物外延更为广泛，在药品、膳食营养补充剂、食品等多个领域都有应用。2021 年上半年的最新数据显示，我国植物提取物出口 5.16 万吨，同比增长 6.5%，出口总额 13.78 亿美元，同比增长 9.0%。

　　甜菊叶提取物，桉叶油、薄荷醇、万寿菊提取物、辣椒提取物、柑橘幼果提取物、越橘提取物、芦丁、银杏叶提取物、水飞蓟提取物等依旧是植物提取物出口热点品种，占提取物出口 50% 以上份额。伴随疫情常态化，健康饮食、治未病的观念更加深入人心，终端膳食营养补充剂的销售增长拉动植物提取物的出口量。

## （二）中药材及饮片出口均价上涨，出口势头旺盛

中药材自 2020 年回暖以来，一直保持较旺盛的出口势头。市场需求的高涨，拉动价格提升，2021 年上半年，大部分中药材的出口均价都有不同程度的上涨。2021 年上半年的最新数据显示，我国中药材及饮片出口总额为 6.56 亿美元，同比增长 5.7%，出口量为 11.22 万吨，同比下降 5.3%。

2021 年上半年，中药材及饮片出口的前十大品种分别为：肉桂、枸杞、红枣、人参、当归、半夏、黄芪、茯苓、党参、山药。前十大品种的出口额占中药材及饮片总出口额的 50%，集中度比较高。肉桂在 2020 年整体放量的基础上，依旧保持较高的出口增速，2021 年上半年出口 1.5 亿美元，同比增幅达 25%。继续保持中药材出口第一大品种的地位。

## （三）中成药出口继续回暖

中成药在中药产品出口额中占比不高，出口比例常年维持在 7% 左右，相对于原料类产品仍处于弱势地位。2021 年上半年，中成药出口额为 1.42 亿美元，同比增长 10.3%，出口量为 5200 余吨，同比下降 7.1%。

具体到单品种，中成药前三位出口品种分别是为片仔癀、安宫牛黄丸、清凉油。2021 年都有不错的表现，片仔癀出口金额同比上涨 3.9%，安宫牛黄丸出口金额同比上涨 71.5%，清凉油出口金额同比上涨 17.9%。安宫牛黄丸和清凉油的快速增长与疫情常态化后常规用药需求恢复有一定关系。

## （四）保健品出口进入调整期

目前，保健品在海关统计系统中比较特殊，有单独编码的保健品主要是鱼油、鱼肝油、蜂王浆、蜂花粉、卵磷脂、燕窝等，维生素以及矿物类制剂产品并未统计在内，另外不少保健品是以食品的形式出口，也未纳入保健品项下，本研究中有关保健品贸易的数据为不完全统计。

2021 年上半年，保健品出口额为 1.34 亿美元，同比下降 2.7%。提升免疫力作用的蜂蜜系列原料出口下降明显，鲜蜂王浆粉出口额下降 15.0%，鲜蜂王浆出口额下降 8.9%，蜂花粉出口额下降 19.5%。蜂王浆制剂出口增长

30%，而 2020 年同期蜂王浆制剂出口下降 21.9%。整体来看，保健品出口进入调整期。

### （五）进口整体回暖

2020 年，中药类商品受新冠肺炎疫情影响进口放缓，全年进口金额下调 4.7%。疫情常态化后，海外供给恢复，2021 年上半年，中药类商品进口额为 12.49 亿美元，同比增长 37.4%。

细分领域来看，2021 年上半年植物提取物进口 4.56 亿美元，同比增长 31.2%。进口植物提取物中，精油类原料恢复明显，精油类进口额上涨 39.6%，进口量上涨 45.6%。其中，薄荷醇的进口贡献巨大，其进口额占提取物总进口额的 30% 以上，2021 年上半年进口 1.48 亿美元，同比增长 40.0%。

我国进口的中药材以国内稀缺和贵细品种为主，如西洋参、乳香、没药、血竭、鹿茸、人参、甘草、加纳籽、姜黄、番红花、小茴香等。近年来，由于国内药用资源不足，土地、劳动力成本升高等原因，防风、姜黄、北豆根、穿山龙等很多原产于国内的品种也大量进口，以补充国内用药需求，如新西兰的马鹿茸近两年进口飞涨。2021 年上半年，中药材及饮片进口额为 2.08 亿美元，同比增长 102.9%。2020 年同期进口下调幅度较大的品种如西洋参、乳香没药、姜黄等，2021 年上半年恢复正常进口量，增幅分别为 97.9%、21.9% 和 18.6%。近两年增幅较大的品种如鹿茸、番红花、丁香等，2021 年上半年依旧保持较高的增速，国内市场需求旺盛，进口额增幅分别为 107.9%、196.1% 和 23.1%。长远来看，进口中药材仍有很大放量空间。

2021 年上半年，中成药进口继续下滑，进口额 1.33 亿美元，同比下降 15.7%。但与 2020 年不同的是，2021 年上半年中成药进口量有所回升，进口量 8200 余吨，同比增长 29.4%。2019 年到 2020 年，内地减少从香港地区进口中成药是中成药进口量下滑的主要原因。2021 年上半年，内地从香港地区进口中成药 8600 余万美元，同比增长 57.1%，逐渐回暖。由此预计，2022 年中成药进口有望止跌企稳。

在国家扩大进口政策的引导下，近三年，保健品进口业绩亮眼，2019 年进口额为 5.6 亿美元，同比增长 24.8%；2020 年进口额为 8.1 亿美元，同比增长 43.7%。2021 年上半年，进口额为 5.4 亿美元，同比增长 106.4%。其中，燕窝依旧是最受欢迎的保健品，2021 年上半年进口额为 2.8 亿美元，同比增长 51.0%。

## 二、中药类产品主要出口市场分析

美国是我国中药类商品出口的第一大市场，对美出口的中药类商品主要是植物提取物，占比达到 80% 以上。2020 年疫情影响推动植物提取物出口大涨，带动中药整体出口美国反弹，增幅达到两位数以上。2021 年上半年，出口至美国市场的植物提取物为 3.5 亿美元，同比增长 16.3%。长期来看，植物提取物的需求不会改变，美国作为中药类商品出口第一大市场的地位仍将延续。

日本是我国中药类商品出口的第二大市场，中药材及饮片和植物提取物是主要出口品种，这两类产品大部分用作日本汉方药的原料。2021 年上半年，出口至日本的植物提取物总计 1.2 亿美元，同比上涨 13.0%，出口至日本的中药材及饮片总计 9700 余万美元，同比下滑 14.0%。虽然整体较 2020 年有所好转，但长期来看，出口到日本的中药类产品呈现缓慢下降的趋势。

中国香港作为中药转口贸易的中转站，常年来扮演着重要角色。以香港为中转点，再出口至其他国家地区的中成药不在少数。但最近几年这一中转模式的地位已大不如前，2021 年，出口至中国香港的中成药总额已不到中国出口至全球中成药的 50%，下滑至 44%。越来越多的海外采购商更倾向于产地直接采购，中国香港转口贸易优势或将丧失。

此外，欧盟作为我植物提取物出口的第二大市场，未来前景依然广阔。东盟市场一直以来都是我国中成药出口以及中药材进口的重要合作伙伴，加之 RCEP 协定的签署，可以预见未来我国与东盟的中药贸易往来将更加密切。

## 三、中医药海外发展如何破局

纵观近年来中药类产品外贸发展，中药类产品海外需求呈现增长趋势，出口总额维持平稳增速。但是中药海外发展的体量与国内中药市场体量远不成比例。2020年中药工业产值6196亿元，同年中药出口仅262亿元，中药海外贸易仅占国内中药工业产值的4.2%。这也引发我们的思考，中医药出海如何破局？

### （一）本土化

中医药"走出去"的核心理念是共享，应该充分与所在国的文化、传统医药融合。与孔子学院不同的是，"本土化"更容易让当地政府及民众了解、认知、接受，文化和产业都可以实现本土化，使用当地资源、劳动力，本土生产、使用。

#### 1. 建立中医药海外商业存在

当前的中成药产品销售模式更多的是依托华侨代理商，市场开拓主动性几乎丧失。中药在"一带一路"沿线国家的发展，不能仅限于药品销售渠道，应根据目标市场及产品自身特性，灵活确定产品的应用范围。建立海外自有流通渠道是个漫长而艰巨的任务，投入大，产出慢。但随着渠道的不断完善，后续市场回馈将是指数级的增长。想进入市场的中国企业，首先要选择合适的合作伙伴，要有充分的耐心与合作伙伴培养良好的关系；其次在申请通过认证的基础上，尤其要保持产品的质量和供应的稳定性，否则难以在目标市场持久立足。

#### 2. 建立中药海外基地（园区）

应鼓励企业通过收购、兼并重组、联合投资等方式，在海外建立中药生产加工基地或园区。以海外基地（园区）为依托，建立自有海外流通渠道。以海外投资、产业落地的方式，企业可以取得当地政府支持。通过聘用当地员工，与当地文化、经济模式相适应，企业可以更便捷地对接海外市场已有的成熟市场渠道。

### 3. 中医药的国际化资源全球配置

在当前全球经济一体化进程快速发展的时代，实现全球资源配置是大势所趋。对中医药而言，中国贡献智力资源，如传统方剂、中医理论、新药创新研发；原材料采购自东南亚或非洲；生产基地可以设在中东欧国家，欧洲生产全球销售，真正实现中药资源全球再配置。

## （二）服务贸易与货物贸易相结合

在国家层面而言，中医药欲在海外取得长足发展，中医、中药需共同走出去，相互促进，协调发展。中药需要中医的指导，才能发挥更好的疗效。服务贸易与货物贸易相结合，文化输出与产品输出相协调。

国家鼓励中医药建设海外中医中心，目前已在德国、澳大利亚、捷克、吉尔吉斯斯坦、俄罗斯等建立了 50 个中医中心，发展服务贸易。商务部和国家中医药管理局已经评选出 17 家中医药服务出口基地，后续这一工作仍将继续稳步推进，评定出更多的中医药服务出口基地，促进中医药服务贸易与货物贸易海外可持续发展。

# 中国西药出口形势分析及未来展望

中国医药保健品进出口商会　朱仁宗

2021 年上半年，新冠肺炎疫情仍然在全球多地肆虐，疫情走势错综复杂，外贸发展面临的不确定、不稳定因素较多。不过，随着疫苗接种进度加快，部分国家经济已经回暖，消费和生产逐步恢复。在供需多重因素的共同作用下，上半年我国外贸出口规模再创新高，同比增幅高达 28.1%。作为我国医药类产品出口中的主力军，西药类产品出口额达到 362 亿美元，同比增长 62%。

## 一、主要特点

### （一）出口均价大幅上涨，月度增幅普遍高企

2021 年上半年，我国西药类产品出口量为 576 万吨，同比减少 2%，但出口均价同比大幅增长了 66%，是出口金额增长的主要驱动力。2020 年以来全球大宗原材料价格和跨境物流费用的单边上涨，是出口均价大幅上涨的主要原因。

从月度数据来看，受疫情在国内暴发影响，2020 年上半年出口基数普遍较小，导致 2021 年上半年月度出口额同比增幅普遍高企，如 2 月份增幅高达 164%，3—6 月份增幅也均超过 50%，1 月份增幅最小，也达到了 33%。

### （二）非抗疫原料药出口恢复，生化产品出口暴增

2021 年上半年，我国原料药出口额达到 195 亿美元，同比增长 14%；出口数量为 526 万吨，同比减少 4%；出口均价同比上涨 18%。与抗疫相关的品类多数出口表现欠佳，如激素类、青霉素类出口额同比增幅均不足 5%，解热

镇痛类、头孢菌素类、大环内酯类出口额更是出现了负增长，仅有抗感染类、四环素类出口额同比增长达到了两位数，具体品种如地塞米松、可的松、布洛芬、阿莫西林、红霉素、拉米夫定、奈韦拉平、依非韦伦等均出现了出口额减少；非抗疫类原料药出口出现恢复性增长，增幅较为显著，如消化类出口额增幅达 32%，氨基酸类出口额增幅为 20%，中枢神经类、心血管类出口额增幅也在 10% 上下。

西药制剂出口额为 27 亿美元，同比增长 14%，出口数量同比减少 14%，出口均价同比上涨 31%。其中，激素类制剂出口额同比接近翻番，但主要是胰岛素制剂出口大增，与抗疫直接相关的皮质甾类激素制剂出口反而减少；青霉素类、头孢菌素类制剂出口额均出现小幅下滑；其他西成药品出口额同比增长 5%。

生化药出口额达到 140 亿美元，同比暴增 407%，出口数量同比增长 39%，出口均价同比上涨 265%。主要得益于两类产品的出口，一是上半年疫苗出口额达到 50 亿美元，同比增长 132 倍，几乎全部为新冠疫苗；二是已配定剂量及未配定剂量的免疫制品出口大幅增加，同比增长了约 5 倍，主要是生化类检测试剂成品、半成品及抗血清、酶制剂等检测试剂原料。

### （三）对欧出口翻倍增长，新兴市场表现出色

2021 年上半年，我国西药类产品出口到全球 200 个国家和地区。亚洲、欧洲、北美洲依然是我国西药类产品出口的主要市场，合计占我国西药类产品总出口额的 87%。

欧洲凭借 112% 的同比增长率，超过亚洲成为我国西药类产品的第一大出口目的地，我国对该地区出口额达到 136 亿美元。主要出口增长品种包括维生素 C、维生素 A、咖啡因、6-APA、蛋氨酸、苏氨酸等原料药，胰岛素类、磺胺类、头孢菌素类、青霉素类、青蒿素类等制剂，人用疫苗、酶制品、蛋白胨衍生物、免疫制品等生化产品。德国首次登顶成为我国西药类产品的第一大出口目的国，上半年我国对其出口额达到 37 亿美元，同比增长 226%，蛋氨酸、咖啡因、酶制品、蛋白胨衍生物及免疫制品均是增长主力产品；我

对英国出口增幅更是高达485%，出口金额增至28亿美元，这也使其升至我国西药出口目的国榜单第四位，出口增长主要品种包括免疫制品、磺胺类制剂、蛋白胨衍生物等；奥地利通过大量从我国进口免疫制品，一举实现了1659%的同比增幅，成为我国对欧盟地区出口西药类产品增长最快的国家。

我国对亚洲的西药类产品出口额为133亿美元，同比增长41%。对传统主要出口目的国印度、日本、韩国等的出口增幅相对较小，分别为20%、10%和16%。作为近年来我国西药出口最大市场的印度也被德国超过，多年来首次降至我国西药类产品出口目的国榜单次席。2021年上半年，我国对印度出口的西药产品仍以原料药为主，实现较大增长的主要为抗感染类、四环素类等及肝素、头孢曲松、6-APA、柠檬酸、利福平等原料药，出现减少的包括红霉素类、维生素类、氨基酸类等品类及阿莫西林等原料药。

北美洲也是我国西药类产品出口的主要目标市场，上半年出口额为45亿美元，同比增长27%。美国降至我国西药类产品出口目的国榜单第三位，我国对其出口额仅实现了10%的相对较低速增长。实现出口增长的主要产品包括VA、VB1、VE等维生素类原料药，辅酶Q10、三氯蔗糖等可作为食品添加剂的品种，未配定剂量的免疫制品及未配定剂量的成药制剂；出现出口减少的主要产品包括VB12、VD、咖啡因等原料药和已配定剂量的免疫制品及已配定剂量的成药制剂。

新兴市场方面，我国对"一带一路"沿线国家和地区出口额达到138亿美元，同比增长69%，其中仅疫苗出口额就近40亿美元，已配定剂量免疫制品出口额也近12亿美元，同比增长167%。从具体区域市场看，对非洲、东盟、中东、中东欧、南美等区域市场西药类产品出口额均实现了70%左右的增长。对非洲出口额同比增长68%，表现较好的出口品种包括人用疫苗、已配定剂量成药制剂、青蒿素类制剂、已配定剂量免疫制品、四环素衍生物、柠檬酸、谷氨酸钠、维生素C、维生素A等；对东盟出口额同比增长70%，表现较好的出口品种包括人用疫苗、谷氨酸钠、蛋白胨衍生物、苏氨酸、维生素E、维生素C等；对中东出口额同比增长104%，表现较好的出口品种包括人用疫苗、活性酵母、肝素、四环素衍生物等；对中东欧出口额同比增长

72%，表现较好的出口品种包括人用疫苗、已配定剂量免疫制品、抗血清、维生素 C、碱性蛋白酶等；对南美出口额同比增长 75%，表现较好的出口品种包括人用疫苗、已配定剂量成药制剂、维生素 C 等。

## 二、机遇挑战

2021 年上半年，我国西药产业"走出去"取得了更多成就，有力地推动了我国西药出口取得高速增长。首先，在疫情的锤炼下，我国药品产业链更加完善和强大，对市场的反应也更加迅速，例如上半年印度疫情严重的情况下，有些企业靠瑞德西韦原料药的迅速上量和出口实现了业绩大幅增长；其次，我国药品国际注册认证继续扩大战果，上半年我国药企共获得 40 个美国 ANDA 批文，并有桂林南药、天津天药等企业的多个品种拿到了 WHO PQ 证书（生产预认证），这都使我国西药国际化之路走得更加坚实；再次，我国已有 6 款新冠病毒疫苗在境外成功上市或获得紧急使用授权，其中 2 款被纳入世卫组织紧急使用清单，我国新冠疫苗已成功出口到全球 100 多个国家和地区，新冠疫苗如今已成为我国西药产业"走出去"的一张名片；最后，我国具有国际水平的新药研发取得突出进展，除已有多个本土新药成功在欧美上市外，新药对外授权项目也频繁涌现，1 月百济神州将其替雷利珠单抗的部分海外权益授予诺华，交易总额达 22 亿美元，8 月荣昌生物 ADC 新药维迪西妥单抗海外授权交易总额达到 26 亿美元，再次刷新了中国药企单品种海外授权交易最高纪录。

与此同时，在新冠肺炎疫情全球持续蔓延的背景下，我国西药类产品出口上半年虽然实现了较大幅度增长，但面临的不确定因素依然很多，未来将承受更大考验。

一是新冠肺炎疫情的未来进展不确定。由于疫情多次暴发、病毒频繁变异，加之全球疫苗接种进度不及预期、疫苗保护期有待于观察等因素，国内外专家纷纷表示，新冠肺炎病毒未来很可能会像流感一样，长期与人类共存，无法被彻底消灭。不可否认，新冠肺炎疫情已成为影响世界经济发展的最大因素。当前，疫情引发的社交封锁、消费萎缩、生产中断、贸易受阻不时出现，对当地制药产业正常运营和医疗健康市场正常需求都造成了干扰，从而影响到我国对当地市场的药品出口。

二是基础要素价格及汇率变化不确定。2020年以来，为加快经济复苏，全球大部分国家都实行了货币宽松政策，导致石油、煤炭、金属等基础生产要素价格一路走高，进而药品生产所需的上游化工原料价格也随之水涨船高。叠加海运、空运、快递等跨境物流效率的下降和费用的不断飙升，以及防疫、人工等成本的增加，在我国西药类产品出口上的体现是出口均价涨幅创下历年新高，但实际上出口企业利润并未增加多少。此外，人民币对美元汇率的持续升值和波动，也对我国西药产品出口造成了较大影响。

三是西方对华政治外交态度走向不确定。以美国为首的西方国家政府不断挑起对华政治和外交摩擦，这势必影响到双方经贸合作的正常发展。一方面，欧美等国家和地区大量从我国进口西药产品，用于当地抗疫及药品生产；另一方面，一些政客不断叫嚣与华对抗、对华"脱钩"，甚至政府出台一些限制政策，抑制了贸易双方的合作愿望。这种不确定使当地客户不得不时时关注政府政策的变化，部分客户只能将订单转移到其他国家。我国企业对开拓当地市场的信心也受到打击，有些项目不得不暂停或取消。

四是全球产业链供应链调整前景不确定。新冠肺炎疫情引起了各国对建立独立自主和完善的药品产业链供应链的重视，特别是美国、印度、欧盟都在谋划加大原料药的生产能力，以减少对中国原料药的依赖。美国政府在总统拜登的要求下，对包括原料药在内的多个行业供应链进行了评估，并于2021年6月发布了《构建弹性供应链、振兴美国制造及促进广泛增长》报告，提出了促进本土生产的具体建议。印度2020年宣布了原料药及关键起始物料的生产关联激励计划（PLI），鼓励相关产品加大本土化生产力度，1月该计划批准了第一批印度企业的生产申请。为了支持本土生产，印度政府还于8月启动了对华阿托伐他汀中间体的反倾销调查。上述行动很可能造成未来全球药品产业链供应链的格局发生变化，对于我国西药产品出口是个利空。

## 三、未来展望

2020 年以来，国家出台了一系列稳外贸措施，促进我国外贸事业稳步发展，很多措施在 2021 年得到了进一步加强，为企业出口提供了实质性帮助，例如降低进口关税总水平，完善出口退税政策，加快退税进度；更好发挥出口信用保险作用，降低信保费率，扩大保障范围；引导金融机构加大对中小企业外贸融资支持力度和汇率风险把控指导；引导船运公司给外贸企业提供更便捷的订舱服务等。

2021 年是我国"十四五"规划的开局之年，深化医药卫生体制改革，促进医药产业高质量和创新发展，推动中国药品走出去，都是"十四五"规划的重要内容。上半年我国西药类产品出口的高速增长为"十四五"西药贸易开了个好头，预计下半年在国家稳外贸政策的继续支持下，我国西药类产品出口在疫苗带动下将继续保持较高速度的增长，但增速相比上半年将有所放缓。

## 参考文献

[1] 世界卫生组织，药品预认证栏目，https://extranet.who.int/pqweb/medicines/prequalified-lists.

[2] 药融圈，年中盘点 | 2021 上半年国内药企共获 40 个 ANDA 批文，https://baijiahao.baidu.com/s?id=1704594014113268512&wfr=spider&for=pc.

[3] 医药魔方，22 亿美元！百济神州与诺华达成替雷利珠单抗授权合作协议，https://baijiahao.baidu.com/s?id=1688655685249154527&wfr=spider&for=pc.

[4] 界面新闻，最高 26 亿美元！国产新药维迪西妥单抗"出海"金额再创纪录，https://baijiahao. baidu. com/s? id = 1707677795150800650&wfr = spider&for=pc.

[5] 识林，美国政府供应链百日审查报告中涉及药品和原料药的重点有哪些？https://mp.weixin.qq.com/s/f6e47eKHhtj1ZbZEPjYHog.

# 中国医疗器械进出口及国际化形势分析

中国医药保健品进出口商会　任芳

2020 年，新冠肺炎疫情肆虐全球，对国际贸易和世界经济造成严重冲击，给全球公共卫生体系带来了挑战，但我国的医疗器械产业备受全球关注，我国生产的医疗防疫物资及相关医疗器械为全球抗疫贡献了力量，出口快速增长，成为我国对外贸易的亮点，为稳外贸发挥了重要作用。

2020 是我国医疗器械贸易波澜壮阔的一年，全年我国医疗器械进出口贸易额突破 1000 亿美元（含防疫物资），其中出口额约为 730 亿美元。出口能在疫情大流行环境下持续大增，最主要的原因是在不少国家产业链、供应链受到重创，甚至停摆之际，中国产业体系率先恢复正常运转，产业多年发展沉淀的力量爆发，国际市场竞争优势进一步凸显。

2021 年新冠肺炎疫情仍持续在海外蔓延，国际贸易和经济增长失速。2021 年上半年医疗器械产品的出口与 2020 年同期相比也有所下降，主要是因为防疫物资中的口罩、防护服、呼吸机出口的减少。但是，检测试剂出口增速较稳定，印度疫情促使制氧机出口激增，传统医疗器械产品出口恢复正常，医疗器械产品出口增加、产品结构逐步回归理性。

## 一、医疗器械出口占据半壁江山

中国海关数据显示，2021 年 1—6 月整体医疗器械进出口贸易额为 615.04 亿美元，同比下降 23.86%，其中出口 443.88 亿美元，同比下降 31.32%，进口额 171.16 亿美元，同比略增 5.96%。出口的急速下降主要因为以口罩、防护服为代表的医用敷料出口波动较大，出口额为 96.92 亿美元，同比下降 75.05%，也因各国疫情缓解，本土制造业的恢复，对我国产品的依赖程度降低。

与疫情相关的影像诊疗设备出口同样略有下降，但其他传统及优势医疗器械出口恢复增长。从数据看，虽然数字较去年明显减少，但纵观近几年我国医疗器械的贸易发展趋势，基本呈现出了医疗器械出口健康发展的态势。值得一提的是，我国医疗器械的出口在疫情后打破了西药类产品出口长期占据我医药产品整体出口半壁江山的局面，2021 年上半年医疗器械出口额占比 53.53%。

表1　2021 年上半年医疗器械进出口统计

| 商品名称 | 出口额（亿美元） | 同比（%） | 出口占比 | 进口额（亿美元） | 同比（%） | 进出口额（亿美元） | 同比（%） |
| --- | --- | --- | --- | --- | --- | --- | --- |
| 医用敷料 | 96.92 | -75.05 | 21.83 | 4.32 | -73.12 | 101.24 | -74.97 |
| 一次性耗材 | 183.25 | 79.43 | 41.28 | 37.87 | 23.60 | 221.12 | 66.54 |
| 医院诊断与治疗 | 103.44 | -9.84 | 23.30 | 113.36 | 11.84 | 216.79 | 0.33 |
| 保健康复用品 | 52.02 | 50.29 | 11.72 | 9.42 | -0.18 | 61.44 | 39.47 |
| 口腔设备与材料 | 8.27 | 29.24 | 1.86 | 6.18 | 54.29 | 14.45 | 38.89 |
| 总计 | 443.88 | -31.32 | 100 | 171.16 | 5.96 | 615.04 | -23.86 |

资料来源：中国医保商会根据中国海关数据统计。

从出口市场来看，美国仍然是我国出口最重要的市场。美国、德国、英国和日本为该阶段我国主要出口市场，占总出口额的 49.09%，美国依然排在众多出口市场的首位。除传统市场外，"一带一路"沿线新兴市场也成为我出口的重要区域，如印度、俄罗斯、越南等，2021 年上半年我出口"一带一路"沿线国家医疗器械达 141.37 亿美元，占出口总额的 31.8%，未来的占比还会进一步扩大。从出口省市看，上半年我国医疗器械出口前十个省市占比高达到 89.92%，进一步体现了我国医疗器械出口地区的高度集中性。主要出口省市广东、江苏和浙江均呈现增长的好态势，广东继续稳居出口首位。

表2　2021年1—6月医疗器械出口市场排名

（单位：亿美元）

| 排名 | 出口市场 | 出口额 |
|------|---------|--------|
| 1 | 美国 | 132.30 |
| 2 | 德国 | 51.98 |
| 3 | 英国 | 38.73 |
| 4 | 日本 | 28.89 |
| 5 | 荷兰 | 14.50 |
| 6 | 中国香港 | 13.99 |
| 7 | 韩国 | 12.83 |
| 8 | 加拿大 | 12.67 |
| 9 | 法国 | 12.17 |
| 10 | 印度 | 10.23 |

资料来源：中国医保商会根据中国海关数据统计。

表3　2021年1—6月我医疗器械出口"一带一路"市场排名

（单位：亿美元）

| 排名 | 出口市场 | 出口额 |
|------|---------|--------|
| 1 | 韩国 | 12.83 |
| 2 | 意大利 | 9.16 |
| 3 | 越南 | 8.68 |
| 4 | 奥地利 | 7.25 |
| 5 | 俄罗斯 | 6.54 |
| 6 | 菲律宾 | 6.45 |
| 7 | 印尼 | 6.32 |
| 8 | 泰国 | 6.15 |
| 9 | 马来西亚 | 5.77 |
| 10 | 波兰 | 4.70 |

资料来源：中国医保商会根据中国海关数据统计。

表4　2021年1—6月医疗器械出口省市排名

（单位：亿美元）

| 发货人注册地 | 总额 |
|------------|------|
| 广东省 | 105.39 |

| 发货人注册地 | 总额 |
|---|---|
| 浙江省 | 94.75 |
| 江苏省 | 69.21 |
| 福建省 | 46.51 |
| 上海市 | 39.26 |
| 山东省 | 32.41 |
| 北京市 | 22.75 |
| 河北省 | 18.50 |
| 湖北省 | 16.55 |
| 安徽省 | 15.01 |

资料来源：中国医保商会根据中国海关数据统计。

## 二、体外诊断产品出口依然强劲

体外诊断产品成为增长最为显著的产品，在抗疫过程中，我国体外诊断企业积极开拓全球业务，出口额呈井喷式增长，与疫情相关的新冠抗体、抗原、核酸等检测试剂受到全球的青睐，检测试剂企业业绩整体向好。2021 年上半年在其他防疫物资出口急剧下降的情况下，检测试剂产品顶住压力，出口同比增速依然显著。据中国医保商会统计，按照主要诊断试剂的 HS 编码三类（38220010、30021500、38220090）数据显示，2021 年 1—6 月我国主要诊断试剂共出口了 79.09 亿美元，同比增长 288.65%，浙江、福建、广东为我国主要体外诊断试剂出口省市，其中自行检测类试剂出口额为 68.88 亿美元，占诊断试剂出口总额的比重高达 87.09%。主要出口市场集中在欧洲对自行检测类试剂产品特殊授权的国家如德国、英国、奥地利等，2021 年自测产品的大量国际市场需求是检测试剂出口增长的重要因素，新冠试剂在疫情的影响下成为拉动我国医疗器械出口增速的主要产品。

2021 年不少企业的常规试剂产品恢复出口，出口额有所提升。随着国际市场的蛋糕被做大，尽快铺设海外营销渠道，本地化推广已经成为我国企业开拓国际市场的首要任务。受同质化、低价竞争、国内集采等因素影响，行业"内卷"局面严重，布局出海对推动我国产业结构升级，提升 IVD 行业竞争力和影响力具有重大意义。根据 Markets and Markets 报告的数据，全球体外诊断市场规模预计将从 2020 年的 845 亿美元增长到 2025 年的 960 亿美元，复合年增长率为 2.6%。全球体外诊断市场分布并不均衡，美国、西欧、日本等发达经济体占据着体外诊断市场的主要份额。美国占有全球体外诊断市场的份额为 44%，西欧为 21.08%，日本为 9%，合计占全球体外诊断市场的 74.08%。但是，由于发达国家市场已进入相对稳定的成熟阶段，其增长已呈现放缓态势。然而，在发展中国家体外诊断作为新兴产业呈现出基数小、增速高的特点，预计在以印度、拉美等为代表的新兴市场中，体外诊断市场增速将会保持在 15%~20% 左右。新兴市场会成为我国 IVD 企业的主战场[1]。

表5    2021 年 1—6 月 IVD 出口统计

（单位：亿美元）

| HS 编码 | 出口总额 | 同比 |
| --- | --- | --- |
| 30021500 | 68.88 | 503.49% |
| 38220090 | 7.90 | 11.04% |
| 38220010 | 2.30 | 26.70% |
| 总出口额 | 79.09 | 288.65% |

资料来源：中国医保商会根据中国海关数据统计。

表6    2021 年 1—6 月体外诊断试剂出口省市排名

（单位：亿美元）

| 排名 | 出口省 | 总额 |
| --- | --- | --- |
| 1 | 福建省 | 25.45 |
| 2 | 浙江省 | 23.05 |
| 3 | 北京市 | 11.10 |
| 4 | 广东省 | 6.06 |

---

① 中商产业研究院. 2018—2023 年中国体外诊断业发展前景及投资机会研究报告.

| 排名 | 出口省 | 总额 |
|---|---|---|
| 5 | 江苏省 | 3.99 |
| 6 | 上海市 | 1.49 |
| 7 | 湖北省 | 1.44 |
| 8 | 天津市 | 1.41 |
| 9 | 湖南省 | 1.19 |
| 10 | 河北省 | 0.93 |

资料来源：中国医保商会根据中国海关数据统计。

表7　2021年1—6月体外诊断试剂出口前十大市场

（单位：亿美元）

| 出口市场 | 出口总额 |
|---|---|
| 德国 | 26.11 |
| 英国 | 23.22 |
| 奥地利 | 5.91 |
| 法国 | 2.67 |
| 美国 | 2.09 |
| 荷兰 | 1.76 |
| 比利时 | 1.68 |
| 中国香港 | 1.49 |
| 捷克 | 1.32 |
| 希腊 | 0.83 |

资料来源：中国医保商会根据中国海关数据统计。

# 三、家用健康保健产品出口逆市增长强劲

受疫情居家的影响，全球"宅经济"快速发展，家用健康保健产品出口增长强劲。2020年初受新冠肺炎疫情影响，出口一度受到重创，但依托产业多年不断创新、持久沉淀和发展韧性，我国企业克服困难，顶住压力，实现

了全年出口逆市上扬的佳绩。2021 年上半年，作为我国医疗保健产品出口的传统优势产品，按摩保健器具出口依然保持高速增长。"宅经济"伴随习惯的形成进一步加快适应产业发展和市场需求，在 2020 年按摩保健器具出口逆势上扬的基础上，全行业出口再创佳绩。中国医保商会统计，我国按摩保健器具 2021 年上半年对外出口高达 29.60 亿美元，同比增长 86.77%，共出口 200 个国家和地区，基本覆盖全球，尤其美国、德国、韩国、日本和英国对我国健康保健器具表现出强有力的需求增势，目前市场仍供不应求，预计 2021 年出口将达到 50 亿美元。

## 四、医疗器械进口稳步回升

2021 年上半年，医疗器械进口额 171.16 亿美元，同比增长 5.96%。进口来源地仍以美国、德国、日本为主，占进口总额的 53.39%，进口产品中导管类耗材、IVD 体外诊断试剂及高端医疗设备是最大的进口品种，此外部分高端医疗器械产品和核心零部件、关键原材料进口依赖度仍然较高，上海、北京、广州为医疗器械的主要进口省市。

## 五、医疗器械国际化发展趋势

### （一）2021 年医疗器械继续占据我医疗产品出口主导地位

2021 年国际市场对我国防疫物资需求有所下降，如口罩、医用防护服、呼吸机、额温枪订单断崖式下降，欧洲国家对自行检测类试剂产品的特殊授权使得我国新冠检测试剂产品在 2021 年需求量相对平稳，疫苗预灌装注射器等相关产品需求量上升，印度疫情暴发对我国制氧机的需求激增，市场周期性波动显著。对我国医疗器械产品而言与 2020 年相比会略有下降，预计进出口额在 1000 亿美元左右。欧盟和美国仍然是最重要出口市场。除传统市场外，"一带一路"沿线新兴市场将是重要区域。

### （二）医疗器械国际化面临的风险和挑战

（1）国外经济增长速度普遍下滑和防疫物资的挤占，会降低对普通医疗物资的采购能力。受疫情影响，公立医院的需求增加，私立医院的需求减少。

（2）受国际旅行限制，工程师及其销售人员去目的国严重受限切实影响了需深入当地开展的市场推广活动以及部分出口大型设备的售后服务工作，使业务以及后续的销售严重受损。

（3）受新冠肺炎疫情影响对防疫物资运输需求激增，外加目的港口工作效率下降导致集装箱流转速度严重下降，造成物流成本增高，此外，原材料和人工成本的上涨、跨境电商平台对商家监管的加强都会进一步挤压企业出口利润。

### （三）国际市场法规变化带来的影响

2020年医保商会在防疫物资出口管理工作中深刻地感受到我国医疗器械企业在对接国内外标准和法规层面存在短板。经过一年的洗礼，很多企业的海外法规认证工作逐步走入正轨。因新冠肺炎疫情影响，退后执行的新的欧盟的医疗器械法规（MDR）和体外诊断医疗器械法规（IVDR）在2021年5月开始实施，总的来说，将更加关注临床性能、加强医疗器械可追溯性和提高对患者的透明度。这意味着将对进入欧洲市场的医疗器械实施更严格的限制，对行业从事者提出了更高的要求。这个法规将给中国出口企业带来成本增加、认证周期拉长及合规风险增大等问题。

短期看，因防疫抗疫需求，全球加大对中国医疗器械供应链依赖。长期看，新冠肺炎疫情成为重塑全球产业格局的催化剂，随着各国鼓励政策的出台，国际竞争将加大，我国产品在全球市场竞争也将面临更大的挑战。在全球经济面临诸多的挑战和压力下，中国医药行业虽难以独善其身，但可喜的是，中国政府提出了新时期新的发展方略，中国正在走向更深、更高层次的改革，公共卫生健康问题进一步提高到前所未有的战略高度，医疗大健康正在迎来最好的黄金时代，中国医疗大健康产业的国际地位会进一步提升。

# 中国营养健康食品进出口形势分析及展望

中国医药保健品进出口商会　张中朋

营养健康食品主要包括保健食品、膳食补充剂、功能性食品、特殊膳食食品和营养强化食品等，属于新兴行业，目前国际上尚无标准的行业定义。一般而言，是指通过补充人体必需的营养素和生物活性物质，对特定的人群具有平衡营养摄取、调节机体功能的作用，有益于消费者健康，但不以治疗疾病为目的，也不能代替正常饮食，并且对人体不产生任何急性、亚急性或慢性危害。从产业链上下游关系上，一般将营养健康食品分为原料和制成品两大类别，本文所指的营养健康食品主要是指制成品。

## 一、行业发展情况

20 世纪 80 年代以来，日本、美国、欧盟等陆续将营养健康食品纳入行政或法制管理规范。1996 年，原国家卫生部根据新修订的《食品卫生法》制定和颁布了《保健食品管理办法》，开启了对保健食品的管理，2015 年，新版《食品安全法》将保健食品纳入特殊食品范畴进行管理；2016 年，原食品药品监督管理总局发布了《保健食品注册与备案管理办法》，开启了保健食品监管的新时代。特别是自党的十八届五中全会提出将"健康中国"建设作为国家战略以来，健康产业成了我国经济转型的新引擎，《健康中国 2030 规划纲要》作为推动新时期健康事业的行动纲领，强调了将全民健康作为发展的根本目标。

2020 年以来，新冠肺炎疫情在全球肆虐，使得消费者更加注重自身健康，健康产品消费以及健康生活习惯兴起，助推了营养健康产业的发展。据美国

Informa 公司旗下营养商业杂志（Nutrition Business Journal，NBJ）报道①，2020 年全球的膳食补充剂市场超过 1500 亿美元，同比增长 9.7%。

在中国，宣称特定功能的营养健康食品需要通过国家监管部门的审批才能作为保健食品上市销售。从产品批准情况看，目前约有 1.7 万个注册证书，2020 年获得新产品注册批件的保健食品有 715 款，均为国产保健食品；获批的保健食品剂型种类较多，其中胶囊类产品占保健食品注册总量的 30.49%，其次为片剂和软胶囊，从批准的功能看，声称增强免疫力及缓解体力疲劳功能的产品最多②。除了注册产品，保健食品备案产品也蓬勃发展，据不完全统计，目前全国备案产品超过了 6500 件③，与此同时，以软糖为代表的新型特殊剂型健康食品、运动营养食品和食品形态的营养健康产品不断受到年轻消费者的青睐，我国营养健康食品行业呈现百花齐放的繁荣景象，据中国医保商会统计，2020 年，中国营养健康市场规模超过 8000 亿元。

## 二、2021年上半年进出口情况

2021 年是"十四五"规划开局之年，新冠肺炎疫情在全球范围内起伏不定，给营养健康产业国际贸易造成了不小冲击，得益于中国有效的疫情防控政策，中国营养健康产业呈现出高质量发展的好势头，据中国医保商会统计，2021 年上半年，中国共进口营养健康食品 23.7 亿美元，同比增长 7.3%，出口达到 12.0 亿美元，同比增长 16.9%，进出口均创历史新高。

### （一）进口情况

营养健康食品属于可选消费品，健康需求是促进行业增长的核心因素，而经济发展、生活水平的提高是激发健康需求的主要源动力。根据国家统计

---

① https://www.newhope.com.
② http://www.samr.gov.cn/tssps/index.html.
③ 郭海峰，苏龙. 2020 年中国国产保健食品备案的初步分析. http://www.cnhfa.org.cn，2021-04-28.

局信息①，2021 年上半年，我国国内生产总值为 53.2 万亿元，按可比价格计算，同比增长 12.7%，全国居民人均可支配收入 17642 元，同比名义增长 12.6%，社会消费品零售总额 21.2 万亿元，同比增长 23.0%，两年平均增速为 4.4%，营养健康食品作为消费升级的主要载体，成为中老年和年轻一代消费者的日常消费品。

### 1. 跨境电商零售进口政策促进进口发展

受上市许可制度的影响，国产保健食品含有新成分、具备新功能的新产品上市供给滞后，不能满足消费者尤其是年轻消费者的需求。与此同时，国家在扩大开放合作、放宽市场准入上出台了一系列政策，激发了进口潜力，其中跨境电商零售进口是促进功能性营养健康食品进口的最主要的政策之一。在经历了多次延期后，2018 年 11 月 30 日，商务部等 6 部委发布了《关于完善跨境电子商务零售进口监管有关工作的通知》②，给主要依赖跨境电商零售进口的营养健康行业吃了一颗定心丸，该政策于 2019 年 1 月 1 日正式实施，两年来国家不断释放跨境电商政策利好，试点城市数量不断扩大，2021 年 3 月 18 日，商务部等六部委发布了《关于扩大跨境电商零售进口试点、严格落实监管要求的通知》③，将跨境电商零售进口试点扩大至所有自贸试验区、跨境电商综试区、综合保税区、进口贸易促进创新示范区、保税物流中心（B 型）所在城市（及区域），至此，全国各主要城市均可开展跨境电商零售进口业务。

中国市场大、成长性好，各国营养健康企业纷纷将中国作为其新的增长引擎，不断加大对中国市场的开拓力度，产品进口规模持续快速增长。据医保商会统计，进口额从 2008 年的 4.1 亿美元，增长至 2020 年的 48.1 亿美元，年均复合增长率高达 22.8%。

### 2. 进口来源地相对集中

从进口来源地上看，美国、澳大利亚、印度尼西亚、德国和日本是营养

---

① http://www.stats.gov.cn/tjsj/zxfb/202107/t20210715_ 1819440.html.

② http://cws.mofcom.gov.cn/article/zcfb/201811/20181102812004.shtml.

③ http://cws.mofcom.gov.cn/article/zcfb/202103/20210303046247.shtml.

（单位：亿美元）

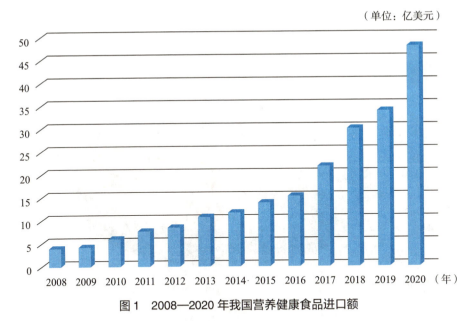

图1　2008—2020年我国营养健康食品进口额

资料来源：中国医药保健品进出口商会。

健康食品进口的前五大来源地，2021年上半年，中国自上述国家的进口额分别为：4.31亿美元、3.55亿美元、2.25亿美元、2.00亿美元和1.56亿美元，前五大进口市场集中度为57.7%，由此看出中国消费者的市场消费偏好还是相对集中，但随着消费者日趋理性，市场多元化趋势也日趋明显，美国和澳大利亚的市场地位受到很大挑战，来自上述两国的营养健康食品进口额分别下跌了10.6%和15.4%，是近五年以来未曾有过的事情，主要原因与贸易摩擦、运费上涨、库存消化、NMN等大单品市场趋稳等因素有关。自印度尼西亚、德国和日本的进口额同比分别上升了44.4%、43.8%和25.9%，主要原因是中国燕窝消费市场增长较快，自印尼进口燕窝持续增长，拉升了自印度尼西亚的进口额，源自德国和日本的营养健康产品一直受中国消费者钟爱，来自德国植物类补充剂和日本酵素、胶原蛋白等美容类产品增长较快。近几年，澳大利亚、韩国、加拿大和新西兰驻华机构借助国内权威机构的展览和会议等国际交流平台，开展相关贸易促进工作，比如，使领馆或驻华贸促机构连续多年组团参加HNC营养健康展，并与中国医保商会合作开展政策法规、商务对接、品牌合作等一系列的线上、线下经贸交流活动，收到了非常好的成效。

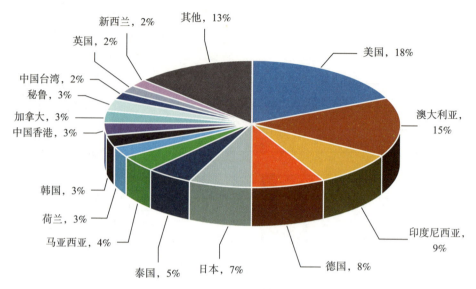

图2　2021年上半年营养健康食品主要进口来源地及所占份额

资料来源：中国医药保健品进出口商会。

### 3. 增强免疫力和口服美容品类是热点

在品类上，除了补充维生素矿物质、关节养护、心脑血管保护等品类外，具有增强免疫力、口服美容、舒缓情绪、运动营养和眼睛保护功能的产品成了市场的热点。从成分上看，维生素矿物质类、益生菌类、胶原蛋白、氨基葡萄糖、硫酸软骨素、$\Omega$-3类和辅酶Q10产品市场份额较大，新冠肺炎疫情暴发以来，燕窝、NMN类产品和一些增强免疫力类的产品成了市场上的黑马。中国是世界最大的燕窝消费国家，作为传统的高端滋补产品，燕窝满足了养生、美容和高端礼品等诉求，年轻女性和孕妇是其消费主力人群，随着食品加工技术的进步和物流配送的技术升级，即食燕窝因其便捷性受到年轻消费者的青睐，成为市场上成长最快的单品。据报道，我国燕窝市场规模达到300亿元[1]，相关企业达到了1.2万家，2021年上半年新增738家[2]。燕窝

---

① https://baijiahao.baidu.com/s?id=1683256370065586567&wfr=spider&for=pc.

② https://page.om.qq.com/page/O11zeU_ bkcFCulqwApWH9AYw0.

进口量连年上升，据医保商会统计，2021 年上半年共进口 179 吨、2.8 亿美元，同比分别增长 46.4%和 51.0%。

### （二）出口情况

随着中国经济的快速发展，中国企业的实力不断增强，在"双循环"等国家政策的正向激励和积极带动下，"出海"、全球布局成为中国企业发展的战略目标。在营养健康领域，一些龙头企业如艾兰得、仙乐健康、百合股份等通过海外并购生产基地、设立分支机构等形式布局全球，发展成为全球知名膳食补充剂供应商，我国营养保健食品出口也一直保持稳步增长态势（见图 3）。

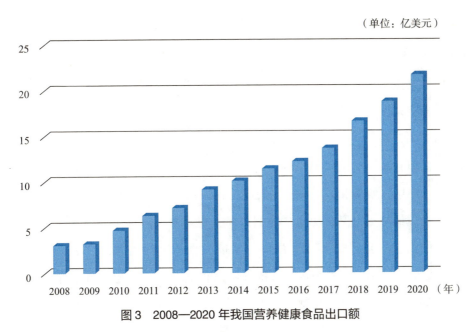

（单位：亿美元）

图 3　2008—2020 年我国营养健康食品出口额

资料来源：中国医药保健品进出口商会。

新冠肺炎疫情在全球蔓延以来，国际形势日趋严峻复杂，疫情给整个产业链和供应链造成了不小冲击，但自 2020 年 3 月份以来，国内疫情得到有效控制，经济运行逐季改善、逐步恢复常态，2020 年全年在全球主要经济体中唯一实现经济正增长，国内营养健康食品企业抓住境外疫情反复导致的产品供给不足的机遇，抓紧复工复产，积极开拓国际市场，2020 年出口达到 21.8 亿美元，同比增长 11.0%，2021 年上半年出口增速更是达到了 16.9%，创近年来增速新高。

### 1. 出口市场集中度高

在出口市场上，美国、中国香港、东盟、日本和欧盟等国家和地区是我国营养健康食品主要出口地区。2021 年上半年，前五大出口市场分别为美国、中国香港、泰国、日本和菲律宾，出口额分别为 1.85 亿美元、1.58 亿美元、0.58 亿美元、0.55 亿美元和 0.45 亿美元，增速与 2020 年同比增长分别为 16.5%、-8.2%、79.2%、12.0% 和 15.5%，前五大市场占比为 41.8%，出口集中度较高。美国是全球最大的膳食补充剂市场，市场成熟，产品品类丰富，市场创新活跃度高，消费人群大且消费频次高，据美国 NBJ（内华达州商业杂志）统计，2020 年美国膳食补充剂市场规模为 557 亿美元[1]，具有免疫增强功能的维生素、益生菌和植物来源产品大受欢迎，其中，植物类膳食补充剂交易额更是创纪录达到 112.6 亿美元，同比增长 17.6%[2]。欧盟市场规模较大，由于人口基数大、人均消费高，德国、英国和意大利份额较大，也是我国营养健康食品企业主要的目标出口国家。近几年，东盟膳食补充剂市场发展较快，泰国、缅甸和菲律宾已发展成为我国营养健康食品的重要出口国家。日本是全球最早提出保健功能食品的国家，也是最早对健康功能食品实施分类管理的国家，于 1962 年率先提出"功能性食品"的概念，1991 年修改了《营养改善法》将功能性食品纳入特殊用途食品范畴，称为"特定保健用食品"，2001 年，厚生劳动省制定并实施了有关保健食品新的标示法规，2015 年发布了《食品表示基准》[3]，降低了功能性食品的准入门槛，市场逐步繁荣，2019 年市场规模为 2.08 万亿日元（合人民币 1308 亿元）[4]。

---

[1] NBJ. *Supplement Business Report* 2021.

[2] Tyler Smith, Farhana Majid etc. Herbal Supplement Sales in US Increase by Record-Breaking 17.3% in 2020. HerbalGram 2020.

[3] 中国营养保健食品协会. 保健食品类似产品国内外管理情况报告 [M]. 北京：中国医药科技出版社，2020：68.

[4] 王鹤松. 日本健康食品市场现状及亮点分析 [J]. 2020. 11. 26.

### 2. 主要出口品类

维生素矿物质、欧米伽-3、氨糖软骨素及植物性膳食补充剂等是我国出口的传统优势品类。片剂、软胶囊和粉剂是出口的主要剂型，一些创新性剂型如软糖类产品，成为全球年轻消费者的热点，这几年对美国市场出口量增长较快。在具体品种上，不同市场有不同的特点，比如在美国市场，维生素矿物质和草本类膳食补充剂所占市场份额较大，2020年维生素类膳食补充剂销售额达到177亿美元[①]，草本类膳食补充剂销售额也首次超过100亿美元，新冠肺炎疫情暴发以来，因为有临床数据支持服用维生素D有助于抵抗新冠肺炎病毒，2020年维生素D单品销售额达到14.3亿美元，增速高达47.5%，接骨木莓、苹果醋和南非醉茄是草本类膳食补充剂中的热点品类，2020年的销售额均实现翻番，分别达到2.75亿美元、0.79亿美元和0.32亿美元，同比增长分别为150.35%、133.8%和185.2%。

### 3. 出口企业情况

艾兰得和仙乐健康是传统的出口两强，国际市场业务占比较高，也是国际上知名的CDMO（医药领域定制研发生产）公司，百合股份公司除了拥有自主品牌鸿洋神和百合，近几年发力营养健康食品CDMO领域，出口欧美等近70个国家和地区，山东禹王和奥德美生物是知名的Ω-3软胶囊出口企业。一些上游维生素和动植物提取物等营养健康出口型企业，也纷纷布局CDMO业务，将出口业务模式逐步由出口原料向出口原料和制成品双轮驱动，如耶赛明公司已发展成为制成品出口的明星企业。也有传统外贸公司转型布局CMO业务，如山东润美公司发挥在外贸领域积累的客户优势，服务于营养健康食品的CMO出口业务。与此同时，一些传统的主要聚焦中国市场的直销巨头，为了规避单一市场的风险，也开始发力布局国际市场，借助中国医保商会的国际合作平台开拓东盟等潜力较大的市场，将自己的品牌产品进行国际注册认证、品牌推广和销售，并在一些市场上取得了成功。

---

① NBJ. Supplement Business Report 2021.

## 三、2021年下半年发展趋势

营养健康食品是健康产业的重要组成部分，是各国降低卫生医疗费用，防控疾病、调整营养失衡的重要产业。为进一步贯彻落实中央构建新发展格局部署，推动健康行业企业开拓国内大市场，中国医保商会充分发挥行业组织的协调力和影响力，成功组织召开了"第十二届中国国际健康产品展览会、2021亚洲天然及营养保健品展"（2021 HNC健康展），本届展会定位为以国内大循环为主体，国内国际双循环相互促进的大健康行业交流平台，2022 HNC营养健康展将于2022年6月份在上海举办。在商务部的支持下，中国医保商会还将组织专家编写《保健食品出口指南》，搭建促进营养健康行业发展的公共服务平台。

这次新冠肺炎疫情在全球大流行，让消费者对于健康更加关注，营养健康食品在全球的渗透率将进一步提升，需求旺盛，客观上将促进行业发展。预计2021年全年营养健康食品出口额将保持较快增长态势，但受制于政策调控、原材料成本、运输成本、汇率、国际政治等因素，出口仍然面临诸多的挑战。对于进口，随着国货的崛起和消费者更加成熟理性，不少消费者不再盲目热捧进口产品，但受制于现行保健食品管理制度，国产创新性产品更多是围绕非特殊食品展开，企业也更乐于开展营销模式的创新，消费者真正关心的创新性成分和功能诉求短时期内仍无法满足，随着下半年消费旺季的到来，预计，2021年全年营养健康食品进口额将保持两位数增长态势。

第四篇

# 注册合规

# 2020 年中国药企国际注册情况

Intertek 天祥集团　谢虹

无论国内外，药品市场准入均涵盖两大部分，即：药品注册审批、质量体系合规。

针对前者，我国提出"对标国际通行规则，深化审评审批制度改革"①；针对后者，我国从 10 多年前"对药品研究、生产、流通等环节实行质量管理规范认证制度，从全过程加强药品质量安全控制"② 转变为"推进监管能力现代化""严防严控药品安全风险，构建药品和疫苗全生命周期管理机制"③ "压实药品安全企业主体责任"④。

本文提供了最新注册数据和国外监管机构观点，希望不仅有助于国内企业在国际化道路上行稳致远，也有助于适应国内监管改革。

## 一、NDA（ 新颖药品批准/新药申请 ）

美国 NDA 有两种含义：一是新颖药品批准（Novel Drug Approval）；二是新药申请（New Drug Application）。

### （一）新颖药品批准

新颖药品（Novel Drug）往往是创新产品，服务于先前未曾满足的医疗需求的药品或其他显著地帮助改善患者治疗的药品。新颖药品中的活性成分在美国从未得到过批准。

---

① 全面加强药品监管能力建设的实施意见. 国办发〔2021〕16 号，发布日期：2021 年 5 月 10 日。
② 中国的药品安全监管状况. 中华人民共和国国务院新闻办公室，2008 年 7 月。
③ 中华人民共和国国民经济和社会发展第十四个五年规划和 2035 年远景目标纲要. 新华社，2021-03-13。
④ 全面加强药品监管能力建设的实施意见. 国办发〔2021〕16 号，发布日期：2021 年 5 月 10 日。

美国 FDA《2020 年新颖药品批准报告》（*Novel Drug Approvals for* 2020）显示，FDA 药品评价和研究中心（CDER）在 2020 年共批准了 53 个新颖药品（Novel Drug），包括：

（1）新颖药品，通常是市场上更具创新性的产品，通过提供先前在美国从未上市过的疗法，帮助改善临床医护。

（2）已经 FDA 批准的药品的新用途或拓展用途。

（3）生物仿制药（Biosimilar），与已经 FDA 批准的治疗用生物制品高度相似。生物类似药的批准给患者更多选择，刺激市场竞争。

（4）已经 FDA 批准药品的新配方或新制造企业，可提供比原研药更多的优势，例如原研药要求饭后服用，而新批准的药品可以空腹服用。

（5）能为已经 FDA 批准的药品增值的新剂型，例如针对有吞咽药片困难的患者提供的咀嚼片。

在 2021 年（截至 7 月 20 日）共批准了 31 个新颖药品。经查，2020 年和 2021 年已经获得批准的新颖药品申请人中尚无中国企业。

图 1　近 10 年 CDER 批准的新颖药品数量（个）

资料来源：FDA. *Novel Drug Approvals for* 2020。

从图 1 可见，从 2011 至 2019 年，FDA 平均每年批准约 40 个新颖药品。

## （二）新药申请

2019 年，共 107 个 NDA 获得批准，6 个 NDA 获得暂时性批准。有一家中国企业的 NDA 获得批准，详情如下：

2019 年 12 月 19 日，石药集团欧意药业有限公司商品名为"CONJUPRI"

的马来酸左旋氨氯地平片剂 NDA 获得了美国 FDA 批准，含 1.25mg、2.5mg 和 5mg 三种规格。该产品以 505（b）（2）路径、第 2 类（新活性成分）和第 3 类（新剂型）方式获得批准。

2020 年，共 108 个 NDA 获得批准，3 个 NDA 获得暂时性批准。有一家中国企业的 NDA 获得批准，详情如下：

2020 年 10 月 6 日，上海迪赛诺生物医药有限公司的产品多替拉韦钠拉米夫定替诺福韦片（50mg/300mg/300mg，DLT 片）获得了 FDA 批准，该产品类型为第 4 类（新组合）。这是迪赛诺在国际市场的首个以 NDA 获批的新药，是中国第二个 505（b）（2）改良新药在美国获批。

综上，已获 FDA 批准的中国企业的 2 个 NDA 均为改良新药。

### （三）ANDA（简略新药申请）

2021 年 2 月发布的 FDA《仿制药办公室 2020 年报》指出，在处方药领域，仿制药办公室在 2020 年批准了 948 个 ANDA，包括 72 个首仿药（First Generic Drug）；还批准了 35 个具有"竞争性仿制药治疗"（Competitive Generic Therapy）的仿制药（见图 2）。获批的 72 个首仿药持有者中，尚无中国企业。

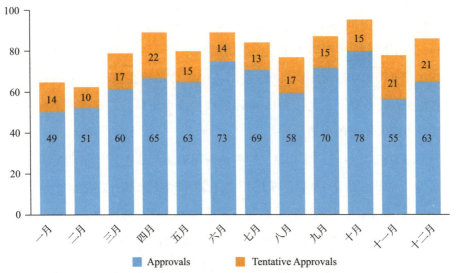

图 2 2020 年 ANDA 月度批准情况（个）

资料来源：FDA OFFICE OF GENERIC DRUGS 2020 ANNUAL REPORT。

（注：暂时批准（Tentatively Approval）：不允许申请人上市经暂时批准的仿制药。在所有专利和独占性问题未得到解决之前，此类仿制药产品不能获得批准）

2020 年获得批准的 72 个首仿药中，有以下重要的产品见表 1。

表 1    2020 年获批的首仿药中被 FDA 认为有重要意义的产品

| 仿制药通用名 | 商标名 | 适应症 |
| --- | --- | --- |
| Pyrimethamine Tablets | Daraprim | 治疗弓形体病 |
| Dabigatran Etexilate Capsules | Pradaxa | 预防中风和全身性栓塞 |
| Albuterol Sulfate Inhalation Aerosol | Proventil HFA | 治疗或预防支气管痉挛 |
| Efavirenz, Lamivudine, and Tenofovir Disoproxil Fumarate Tablets | SYMFI and SYMFI LO | 治疗人体免疫缺损病毒 1（HIV-1）感染 |
| Dimethyl Fumarate Delayed-Release Capsules | Tecfidera | 治疗多发性硬化症 |
| Glucagon for injection | Glucagon | 治疗严重的低血糖症 |

## （四）US DMF（药物主文件）

美国 DMF 涵盖药品某个组分的化学、制造与控制的技术资料。这些组分可包括：医药中间体（Ⅱ类 DMF）、原料药（Ⅱ类 DMF）、药包材（Ⅲ类 DMF）、药用辅料（Ⅳ类 DMF）。仅仿制药申请（ANDA）中使用的原料药 DMF（第Ⅱ类 DMF）会引发 DMF 费用。DMF 体系旨在保持 DMF 持有人专有信息机密性的前提下，允许 FDA 审评员审评技术信息，以支持一个或多个制剂注册申请人递交的申请。

美国 DMF 途径向全球开放，即不论药用物质制造企业位于何地，均可向 FDA 提交 DMF。由于 FDA 不对 DMF 进行批准或不批准，官网清单也不公布哪些 DMF 通过了技术审评，故笔者不能进行更多查找与比较。为帮助国内企业更好地了解美国 DMF 概况，笔者整理了以下数据：

FDA 官网清单显示，截至 2021 年 7 月 16 日，已完成付费和完备性评估（Completeness Assessment）从而可供仿制药申请引用的第Ⅱ类 DMF 共有 5490 套。至 2021 年 6 月 30 日，DMF 清单中共有 34267 套 DMF 见表 2、图 3。

表2　美国 DMF 清单中各类 DMF 数量及活跃情况（套）

| Active | Inactive | Ⅱ类总数 | Ⅱ类Active | 可供引用的Ⅱ类 | Ⅱ类Inactive | Ⅲ类Active | Ⅲ类Inactive | Ⅳ类Active | Ⅳ类Inactive |
|---|---|---|---|---|---|---|---|---|---|
| 16751 | 17516 | 24108 | 11550 | 5490 | 12558 | 3367 | 3031 | 1598 | 1190 |

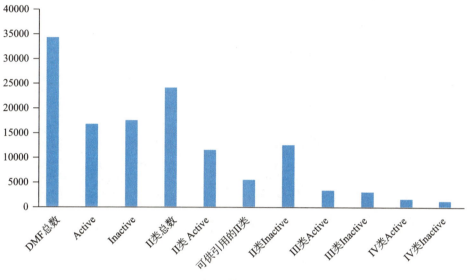

图3　美国 DMF 清单概况（套）

资料来源：FDA 官网。

由以上数据可见，占总数 51% 以上的 DMF 是不活跃的，即没有进行维护；与中国企业最相关的原料药 DMF 总数有 24108 套，但仅有占Ⅱ类 DMF 总数 47.9% 是活跃的，其中可供仿制药申请引用的 DMF 在Ⅱ类 DMF 总数中占比更是低至 22.8%。

## （四）CEP（欧洲药典适应性证书）

CEP 指 "《欧洲药典》各论适用性证明"。记载在《欧洲药典》中的原料药、药用辅料、草药和草药制品，以及具有传染性海绵状脑病（TSE）风险的产品，均可向欧洲药品质量管理局（EDQM）申请 CEP 注册。CEP 注册是将原料药引入欧洲规范市场的三条途径之一。

与美国 DMF 途径类似，欧盟 CEP 注册也向全球制造企业开放，不限地理位置。但与美国 DMF 不被 FDA 批准或不批准不同，EDQM 针对每个提交的 CEP 申请资料均会提出审批意见（由于不符合欧盟 GMP 而被退审的除外）。

欧洲药典所有大会成员国（37 个）均接受 CEP 证书；其他组织和国家或地区监管机构也接受用 CEP 证书代替原料药注册资料或者基于 CEP 证书走快捷审评通道，如 WHO（世界卫生组织）、加拿大、澳大利亚、新加坡、南非、以色列、马来西亚、新西兰、摩洛哥、沙特阿拉伯、中国台湾等。

EDQM 官网显示，截至 2021 年 7 月 24 日，EDQM 共签发了 6818 个 CEP 证书，涉及 50 多个国家的 1250 多家制造企业，其中 50% 来自中国和印度，其中被 EDQM 撤销、被暂停在总数（6818）中占比达 2.77%。

表 3　EDQM 数据库中 CEP 概况

| 过期证书 | 暂停有效 | 被 EDQM 撤销 | 持有人 主动撤销 | 有效证书 | 被 EDQM 撤销、被暂停 在全球总数（6818）中占比 |
|---|---|---|---|---|---|
| 301 | 38 | 151 | 783 | 5545 | 2.77% |

EDQM 所签发的所有 CEP 证书中，有 977 份 CEP 证书持有人为中国企业，其中被 EDQM 撤销、被暂停在总数（977）中占比高达 5.52%。中国企业在作好注册资料维护（例如变更、到期续证等）、欧盟 GMP 体系合规方面仍需多多努力。

表 4　EDQM 数据库中中国企业持有的 CEP 概况

| 过期证书 | 暂停有效 | 被 EDQM 撤销 | 持有人 主动撤销 | 有效证书 | 被 EDQM 撤销、被暂停 在中国企业持有总数（977）中占比 |
|---|---|---|---|---|---|
| 40 | 11 | 43 | 86 | 797 | 5.52% |

EDQM 公布的资料显示，截至 2019 年 4 月，共有 312 家中国企业持有 CEP 证书，占 25%，略超出了印度企业（286 家，23%）。但欧洲本土企业占比最高，有 448 家，占 36%。

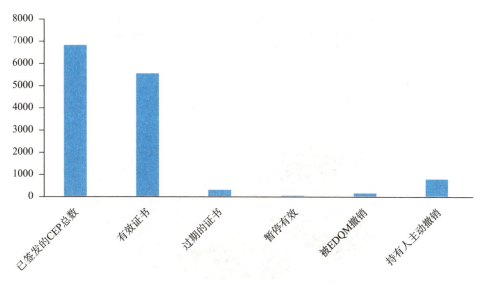

图 4　已签发的所有 CEP 证书（个）

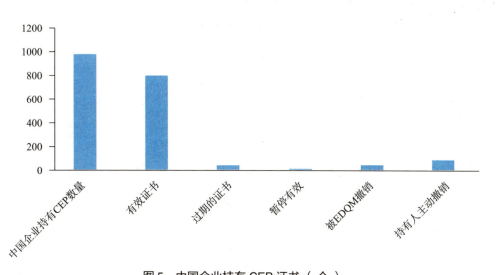

图 5　中国企业持有 CEP 证书（个）

Repartition of manufacturers

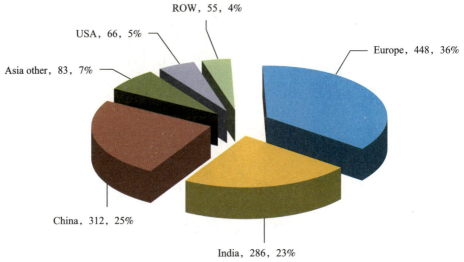

Repartition of manufacturers April 2019

ROW，55，4%

USA，66，5%

Asia other，83，7%

Europe，448，36%

China，312，25%

India，286，23%

图 6　各地区、 国家持有 CEP 数量情况

# 欧美、WHO 及其他国际监管机构
# 最新监管动向及趋势

Intertek 天祥集团 谢虹

## 一、最新监管动向

提到监管动向，亚硝胺杂质是自 2018 年至今的热点话题。亚硝胺杂质在几种动物物种中是强效的基因毒性剂，有些被国际癌症研究机构（IARC）列为极可能或可能的人类致癌物质。美国 FDA、欧洲 EMA 和 EDQM、日本 PMDA、澳大利亚 TGA 以及 WHO 等机构均发布了官方文件。

《欧洲药典》《美国药典》也增加了相关内容，例如：《美国药典》新增了第〈1469〉篇通项"亚硝胺杂质"；《欧洲药典》修订了以下各论：

（1）坎地沙坦酯 Candesartan cilexetil（2573）。

（2）厄贝沙坦 Irbesartan（2465）。

（3）洛沙坦钾 Losartan potassium（2232）。

（4）奥美沙坦酯 Olmesartan medoxomil（2600）。

（5）缬沙坦 Valsartan（2423）。

《欧洲药典》还增加了第 2.5.42 篇通项"亚硝胺杂质的分析"，第 2034 篇"药用物质"、第 2619 篇"药用制剂"也处于修订过程中。

欧美药品监管机构都要求制药企业针对亚硝胺杂质进行正式的风险评估；如识别出风险，应进行确证性检测，并且在指定期限向监管机构提交材料；如果超过规定限度，则制药企业应改进生产工艺将亚硝胺杂质去除至限度以下，并且申请注册工艺变更。欧美官方在 GMP 检查中也增加了亚硝胺相关内容，例如：FDA 要求企业自 2020 年 9 月亚硝胺指南发布起 6 个月内实施对已获批准或已上市产品的风险评估，在指南发布日期起 3 年（即 2023 年 9 月）内完成确证性检测和注册资料变更；EMA 要求化药在 2021 年 3 月 31 日、生物药在 2021 年 7 月 1 日之前完成活性成分和成品药的风险评估并向监管机构上报评估结论；化药在 2022 年 9 月 26 日、生物药在 2023 年 7 月 1 日之前完成确证性检测和上市授权资料变更。

成品药中亚硝胺风险评估涉及医药中间体、原料药及工艺用溶剂、辅料、药包材等各方面。行业内有不同的声音，认为这类风险评估需要大量资源，确证性检测成本高昂，会导致产品上市延迟，占用了本可用于研究和创新的资源。但在官方机构未发布更新的指南以放松对亚硝胺杂质的监管之前，呼吁相关企业积极应对。

## 二、监管趋势

在欧美监管机构各自提出的监管目标中，科学、技术、创新、以患者为中心、整合等都是关键词，具体如下。

2020 年 3 月，欧洲药品管理（EMA）发布了《至 2025 年监管科学战略》（*Regulatory Science Strategy to* 2025），包括五大关键目标。

### （一）促进医药发展中科学与技术的整合

公共卫生的最终目标是确保监管能够支持新药和创新技术的发展，从而通过更安全、更有效和临床上适当的治疗更好地满足患者需求。这就需要一个整合的网络，例如，更以患者为中心的医疗卫生，以及精准的或个性化的药品。EMA 希望看到最新的科学和技术知识融入药品开发中，使公共卫生受益。这需要与学术界、研究中心和基础设施进行更密切的合作，并确保这一目标融入监管机构和开发人员在药品开发进程各阶段进行的对话中。

### （二）推动协作以生成证据——提高药品评价的科学质量

EMA 关于公共卫生的第二个目标是提供更好的证据以支持药品注册评

估和决策制定，使患者能够更及时地获得有益治疗。该目标还旨在解决儿科人群、罕见病患者未得到满足的医疗需求，以及解决负担高昂但缺乏满意治疗的个人和公共卫生需求。这一目标涉及更多的新数字工具被融入药品制造、开发和临床护理方案。这意味着贯穿药品生命周期的数据能得到更广泛、更有效的收集，从临床前开发，到临床试验过程，以及到真实世界使用。在证据生成方面的改进也为在药品评价过程中捕获患者偏好提供了机会，从而使临床开发和监管成本更低，减轻医疗卫生系统的负担。

### （三）在与医疗卫生系统的合作中，提高以患者为中心的药品可及性

患者和医疗卫生人员应处于监管系统活动的中心，因此为这一战略提出的一个重要战略目标是促进药品可及性。公共卫生旨在确保患者能够及时获得满足其医疗需要并且负担得起的药品，并且医疗卫生中所有相关方都能获得他们需要的信息以指导处方和使用。这将要求 EMA 在现有框架基础上再接再厉，将决策链各级利益相关方聚集在一起加强合作，以确保真实世界的数据或"大数据"满足所有利益相关方的需要。除了数据使用，利用生物仿制药的成功将进一步提高药品可及性。

### （四）应对新出现的健康威胁和可用性与治疗挑战

EMA 的使命是促进药品评价和监督的科学发展，以造福于欧盟的公众和动物健康。为此，第四个目标是确保监管系统能够有效应对现有的和正在出现的需求和药品可及性。为了支持这一目标，已在若干领域提出了建议。EMA 将继续致力于支持全球应对公共卫生威胁的努力，包括支持开发新的抗菌药物和疫苗，以应对抗菌性。EMA 还将支持创新的方式用于疫苗开发、上市授权和监测，以及改善相关交流和建立公众理解和信任。EMA 还需要解决已授权上市的药品在欧盟不可获得问题，因为药品没有上市或者因为供应中断。另一个关注领域是，对特定适应症已获得上市授权的既有药品的研究，以确定这些药品是否能用于其他适应症，这可降低药品开发的成本，为患者提供更多的治疗选项。通过对体外工具和经由计算机模拟的（in-silico）工具

的验证，证明复杂的仿制药与参比制剂的生物等效性，从而降低药品成本。

### （五）在监管科学领域赋能和利用研究与创新

该目标是进一步开发欧盟监管网络和学术界现有的互动，使 EMA 知晓相关的科学创新和研究，并识别可用于应对监管需求和挑战的解决办法。这是达成其他战略目标的关键。公共卫生的最终目的是确保监管科学保持在先进水平，使 EMA 能履行保护人类和动物健康、促动药品对患者的可用性这一基本使命。

美国 FDA 药品质量办公室（OPQ）的白皮书中也阐述了五大目标。药品质量办公室于 2015 年 1 月 11 日成立，隶属于 FDA 的药品评价与研究中心（CDER），旨在提高药品质量，应对现有的和将来的挑战，确保美国公众有优质药品可用。白皮书称，OPQ 努力成为全球药品质量监管的基准。五大目标如下：

（1）确保所有人用药品符合相同质量标准，以保障临床表现；

（2）加强基于科学和基于风险的监管方式；

（3）将产品质量监督从定性转变为基于定量和专业知识的评估；

（4）在整个产品生命周期内提供注册审评、检查、监督、政策和研究的无缝整合；

（5）鼓励开发和采用新兴制药技术。

针对上述第四大目标，白皮书提出了"New Inspection Protocol Project（NIPP）"，主要内容：检查在传统上侧重于被检查的企业的 cGMP 符合性，并且特别关注过程偏差和系统失败。这种检查方式不能可靠地预测产品质量状况。因此，FDA 正在努力开发一种新的检查和报告范式，以更好地评估和记录制造企业的质量状况。这种新范式体现在一项被称为"New Inspection Protocol Project（NIPP）"的倡议中。NIPP 有望提供更注重质量的、半量化的方式，采用精简的和结构化的检查报告。NIPP 方案利用专家检查员提问和评估方式，有望增加检查员评估的质量重点。在成功试点后，基于 NIPP 开发的方案将被纳入新移动技术中，以捕获检查员的发现和评估，在对企业现场检查过程中和旅途中更好地支持检查员。

# 新形势下欧洲、美国仿制药注册事项

Intertek 天祥集团　谢虹

## 一、欧洲

在欧洲，仿制药可通过 EMA 集中审批或通过欧盟成员国审批。EMA 年报显示，进入欧洲市场的 90% 的药品通过成员国审批程序上市，并且主要是仿制药，通过互认程序（MRP）或分散程序（DCP）批准上市，是欧盟仿制药申请的主要方式。

药品开发和制造已经全球化，欧盟各监管机构要确保无论临床试验或药品制造发生在何地，都能遵守相同的欧盟标准。

在 EMA 年报的"确保临床试验实施和药品制造与供应的完整性"章节提到，在 2020 年 EMA 建议暂停了由位于印度孟买的 "Panexcell Clinical Laboratories Priv. Ltd"（以下简称 Panexcell）公司检测的仿制药上市申请，由于检查员发现该公司实施的生物等效性研究不合规。CHMP（欧盟人用医药产品委员会）代表欧洲公司检查了由 Panexcell 测试的所有药品，发现没有一个是合规的，因此 CHMP 建议暂停 Panexcell 实施生物等效性研究以及在欧盟授权上市产品，处于审评过程中的上市申请将不予批准。为了解除暂停，采用了 Panexcell 数据的各欧洲公司必须提供来自 Panexcell 以外的数据来证明生物等效。EMA 发布的采用了 Panexcell 数据的已在欧洲授权上市的产品涉及丹麦、芬兰、法国、德国、马耳他、荷兰、西班牙、瑞典、英国的 34 个仿制药。

此外，在 2020 年由于 GCP（药物临床试验管理规范）不合规还撤销了 3 个集中审评的上市授权和 1 个二类变更；EMA 下属的 CHMP 采纳了一个负面意见（即拒绝批准上市授权），同样是由于 GCP 不合规问题。

而 2019 年年报显示，在 2019 年由于 GCP 不合规仅撤销了 2 个上市授权申请；2018 年年报显示，由于 GCP 不合规导致了 CHMP 一个负面意见和 5 个申请撤销。

由此可见，未来几年 GCP 合规将是欧盟药监机构关注的重点，有志于欧洲仿制药市场的企业应引起关注。

## 二、美国

美国 FDA 仿制药办公室在 2020 年年报中没有像 Panexcell 事件这么吸引眼球的故事，但在 2019 年 9 月发布的《批准前检查指导手册》（*Compliance Program-Preapproval Inspections*）值得业界注意。

"批准前检查"指药品注册申请在获得 FDA 批准前，由 FDA 针对具体产品实施的检查，有助于 FDA 确保在药品注册申请中列出的制造场地有能力制造某药品，并且所提交的数据是准确的、完整的。

与先前版本相比，2019 年版对企业的影响主要体现在以下修订内容：

（1）增加了"一体化质量评估团队"（IQA，integrated quality assessment）。

（2）针对制造工艺风险评估，首次提出了对产品与工艺的良好理解，具体如下：

①关注了解工艺对产品关键质量属性的影响。

②当一个工艺满足下述条件时，通常被认为得到了良好的理解和控制：

a. 关键变量来源得到辨识和解释；

b. 变异在所有规模得到了管理；

c. 工艺性能与产品质量属性能得到充分的、可靠的控制。

③对产品与工艺的良好理解意味着已从患者角度识别了对质量至关重要的特性，并且已将其转换为产品的关键质量属性；影响关键质量属性的物料属性和工艺参数已经得到辨识、表征与控制。

④关于工艺验证，关注公司在整个产品生命周期中的工艺验证程序。

（3）PAI 的范围扩大到了涉及工艺开发的每个企业，包括委托开发。

有志于开拓美国仿制药市场的药品研发机构及制药企业应系统学习和应用 ICH 指南，特别是在产品开发阶段系统的应用 ICH Q8、Q9、Q10、Q11，帮助捕获和积累适当的产品知识、工艺知识，从而后续能依照 FDA 工艺验证指南实施涵盖产品生命周期的工艺验证，在商业化制造场地能顺利通过 FDA 检查，并且能按 GMP 要求做到常态化运行。

批准前检查（包括仿制药申请批准前的检查）不是单纯 GMP 检查，故仅在商业化制造场地遵守 ICHQ7（原料药 GMP）、21 CFR Part 210 & 211（制剂 GMP）均不足以确保通过批准前检查。

药品注册申请人、药物主文件（DMF）持有人如有委托完成的工艺开发项目（包括结构确证），应关注受托方的合规能力；合同研究机构在接受委托检测或开发项目时，应关注是否涉及美国药品注册或 DMF 提交。双方应签署质量协议，并且建议药品注册申请人、DMF 持有人在签署质量协议之前，对受托方进行实地审计，以考察其合规能力。

## 三、结论与建议

我国"药品注册员"在欧美医药行业中对应的职业为"Drug regulatory affairs professional"，译为"药品监管事务职业人员"。区别在于"regulatory affairs"和"professional"，前者不单指"注册"，后者在《牛津高阶英汉双解词典》中的中文释义为：

（1）专门人员；专业人员；专家；

（2）职业运动员；（从事某活动的）专业人员；

（3）内行；专门人才；技术精湛者；老练的人。

在理解其语义后，就能深刻理解药品国际注册的工作职责绝非按"CTD 格式"收集、整理、编辑、翻译、提交注册资料。

企业需要加大对专业人才的引进和培养，不仅是"药品注册"人才，更要有熟悉现代药品研究流程、熟悉药品生命周期各阶段监管要求、熟悉贯穿药品生命周期的质量、安全性、有效性技术要求的人才，这样才能避免在末端被动"合规"，前摄性地将监管要求及注册技术要求转化为服务于企业和公众健康共同利益的有力工具。

我国高等教育机构也应加强药品监管事务专业学生的培养，寻求与欧美等发达国家教育机构的交流与合作，不但为中国医药行业发展提供具有国际化视野和专业能力的后备军，也能为在职人员提供相对系统和科学的学习机会。

# 疫情下国外监管机构远程检查要点及注意事项

Intertek 天祥集团　谢虹

从 FDA 签发的进口警报数量看，中国位居榜首。截至 2021 年 7 月 25 日，中国企业共有 90 封 FDA 签发的进口警报未得到解除，包括受 FDA 监管的多个行业，如食品、化妆品、人用药、兽药、医疗器械等。FDA 签发进口警报数前 20 位的国家或地区见图 1。

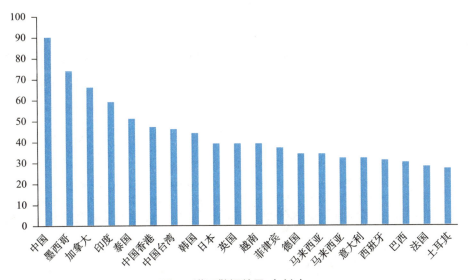

图 1　进口警报数量（封）

FDA 官网资料显示，在 FDA 注册的药品和医疗器械场地数量在 2020 财年激增（见表 1、表 2）。

表 1　最近 4 年在 FDA 注册的药品场地数量（个）

| 场地位置 | 2017 财年 | 2018 财年 | 2019 财年 | 2020 财年 |
| --- | --- | --- | --- | --- |
| 美国 | 9092 | 9687 | 9464 | 10068 |

续　表

| 场地位置 | 2017 财年 | 2018 财年 | 2019 财年 | 2020 财年 |
|---|---|---|---|---|
| 美国以外 | 4103 | 4241 | 4161 | 9354 |
| 总数 | 13195 | 13928 | 13625 | 19422 |

表2　最近4年在 FDA 注册的医疗器械场地数量（个）

| 场地位置 | 2017 财年 | 2018 财年 | 2019 财年 | 2020 财年 |
|---|---|---|---|---|
| 美国 | 13596 | 13707 | 13857 | 16190 |
| 美国以外 | 12755 | 13143 | 14287 | 26088 |
| 总数 | 26351 | 26850 | 28144 | 42278 |

FDA 在 2020 年年报中称，FDA 认为是由于新冠肺炎疫情造成了 2020 年场地注册数量激增，有大量的防疫物资生产企业在此期间完成了注册。

FDA 场地注册分为药品场地注册（Drug Establishment Registration）、医疗器械场地注册（Device Establishment Registration）。经注册后，FDA 向注册的企业分派一个 FEI 编号。FEI 是"FDA Establishment Identifier"的首字母缩写（注：在 FDA 指南中，Establishment = Firm = Facility）。FEI 编号是由 FDA 分配的一个独一无二的识别符，以识别于受 FDA 监管产品相关的公司，用于 FDA 追踪对受监管的企业或设施的现场检查，并不代表 FDA 批准了某家公司或某公司的产品。

EDQM 官方资料显示自 2006 年至 2019 年，中国企业和印度企业是 EDQM 现场检查的重点，见图 2。

欧盟 GMP \ GDP 检查数据库显示，2010 年 1 月 1 日至 2021 年 7 月 25 日欧盟官方共签发了 137 份"不符合报告"，其中 39 份签发给了中国企业，占 28.5%；2018 年 1 月 1 日至 2021 年 7 月 25 日，共签发了 31 份"不符合报告"，其中 5 份签发给了中国企业，占 16.1%。可见最近 3 年中国企业在欧盟 GMP 合规方面有显著改进。

鉴于新冠肺炎疫情尚未结束，大多数监管机构都出台了远程检查方式来监督企业和供应链的合规。例如 FDA 官网称，FDA 通过要求提供记录、虚拟评估、远程交互式评价等工具，以及通过从其他监管机构获得的信息，来确

Where:

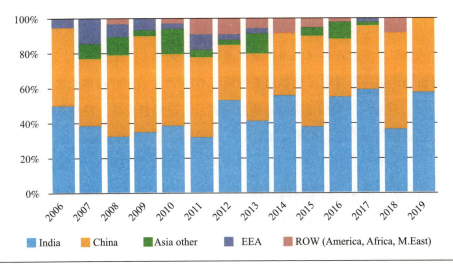

India    China    Asia other    EEA    ROW (America, Africa, M.East)

图2　2006 年至 2019 年被 EDQM 检查过的场地的地理位置分布

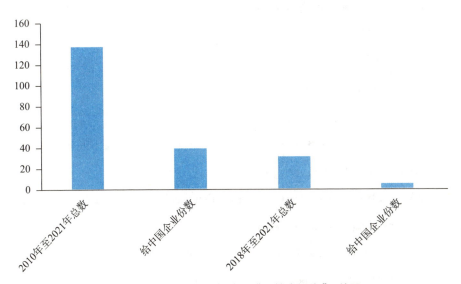

图3　近 10 年和近 3 年欧盟"不符合报告"数量

保医疗器械持续符合安全性、有效性要求。在某个实例中，FDA 将一个可能有害的医疗器械企业列入了进口警报，而未实施现场检查。

　　笔者总结了以下注意事项，希望对企业有帮助：

（1）正确认识 FDA 注册之药品场地注册（Drug Establishment Registration）、医疗器械场地注册（Device Establishment Registration）。

（2）建立、运行适当的质量体系（包括 CGMP 体系）；该质量体系的运行时间应早于注册资料（如果涉及产品注册，例如 CEP 注册）提交日期或向目标市场走第一批货物（例如向美国销售 OTC 产品或医疗器械）的日期。

（3）建立与产品相适应的检测方法，且方法经过验证，特别是以 OTC 产品形式销往美国市场的洗手液和消毒湿巾，严格管控自身产品质量。

（4）注意公司网站发布的信息的合规性，包括产品资料、所制造的产品、最近的新闻资讯等，避免虚假或误导性宣传；FDA 网站曾显示某家企业因公司网站发布的信息不合适而导致被开警告信。

（5）及时、满意地回复 FDA 的邮件、电话；及时、满意地填写 FDA 发来的问卷；国内某企业并未遇到 FDA 远程或现场检查，仅是未能满意地提供 FDA 通过电话会议或电子邮件要求提供的 CGMP 文件和记录而被开警告信。

（6）及时向有能力的咨询公司寻求支持。

## 本篇参考文献

［1］FDA、EMA、EDQM、WHO、PMDA、TGA、EudraGMDP 网站.

［2］FDA NDA and BLA Calendar Year Approvals，FDA Office of Generic Drugs 2020 Annual Report，FDA Compliance Program Guidance Manual for PAI（7346.832），FDA Annual Report on Inspections of Establishments，White Paper：FDA Pharmaceutical Quality Oversight.

［3］EMA Annual Report 2020，EMA Regulatory Science to 2025.

［4］EDQM Annual Report Highlights of 2020.

第五篇

# 区域发展

# 上海市生物医药产业国际化发展现状及展望

## 上海市生物医药行业协会

生物医药产业是国家重点发展的战略性新兴产业，也是上海深入实施国家创新驱动发展战略、推动经济社会发展的重要驱动力量和三大先导产业之一。近年来，上海生物医药行业发展迅速，表现优异。

## 一、上海生物医药产业发展概况

### （一）产业规模持续增长

2020 年，上海市生物医药产业经济总量 4014.01 亿元，比上年增长 4.7%，生物医药固定资产投资 88.5 亿元，比去年增长 27.3%。上海生物医药制造业增长因新冠肺炎疫情的影响而明显放缓，2020 年实现工业总产值 1416.61 亿元，增长 2.9%（见图 1）；医药商业实现商品销售总额 2150.3 亿元，增长 1.8%；生物医药服务业完成总产出 447.1 亿元，增长 11.7%。总体来看，上海坚持的是生产制造、商业流通和研发服务外包"三业并重"的发展模式。

上海生物医药制造业占全市工业总产值 4%，比上年同期提高 0.3 个百分点，对本市工业的支撑作用进一步显现。浦东新区、闵行区、奉贤区三个产业基地占全市生物医药制造业工业总产值超过 70%。按生物医药制造业企业经济类型统计，内资企业占 47%，外资企业占 53%。2020 年上海各区发展出现明显差异，增速最快的是嘉定区（26.2%），有两个区产值增速为负值，分别是奉贤（-1.8%）和浦东（-0.9%）。

### （二）规模企业数量持续增加

2020 年规模以上的医药工业企业总数达到 409 家，较 2019 年增加 94 家。

图1　2016—2020 年上海生物医药制造业工业总产值及增速

资料来源：上海市统计局。

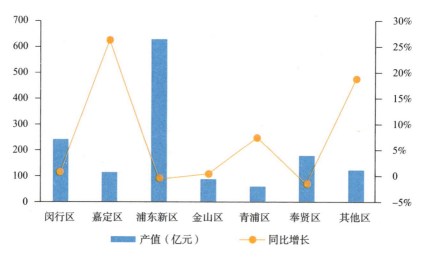

图2　2020 年上海主要区县生物医药产值及增长情况

资料来源：上海市统计局。

"十三五"期间，规上企业从 284 家增加到 409 家，企业数复合增长率 7.6%，其中营业收入 1 亿元以上企业从 150 家增加到 228 家，企业数复合增长率 8.7%。

表1　"十三五"期间上海医药工业不同规模企业数量（家）

| 上海医药工业企业规模 | 2016 | 2017 | 2018 | 2019 | 2020 |
| --- | --- | --- | --- | --- | --- |
| 2000万~1亿元 | 134 | 126 | 127 | 132 | 181 |
| 1~10亿元 | 131 | 146 | 151 | 156 | 199 |
| 10亿元以上 | 19 | 20 | 25 | 27 | 29 |
| 总数 | 284 | 292 | 303 | 315 | 409 |

资料来源：上海市统计局。

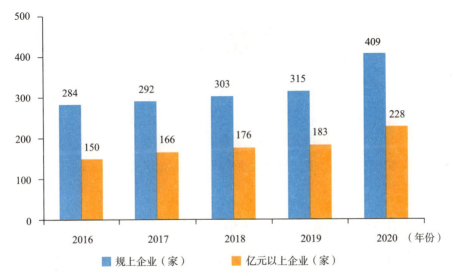

图3　"十三五"期间上海医药工业规模企业增长情况

资料来源：上海市统计局。

2020年，各子行业中除了化学药品制剂因"4+7"带量采购影响，可比增长比2019年出现微量下降外，但化学药品制剂总产值比2019年增加19亿元，其他子行业产值相对稳定。

## 二、主要特点

### （一）头部企业加快成长

龙头企业发挥引领上海生物医药产业发展作用，上海医药集团股份有限

化学药品原料药制造
化学药品制剂制造
中药饮片及中成药制造业
生物药品制造
制药专用设备制造
医疗器械制造

注：图中内圈为2016年，外圈为2020年。

图4 2016年与2019年上海市生物医药制造业重点行业工业总产值（亿元）

资料来源：上海市统计局。

公司、上海复星医药（集团）股份有限公司、上海罗氏制药有限公司3家企业规模超过百亿。从上市公司的公报来看，2020年，上海医药集团股份有限公司实现营业收入1919.1亿元，比上年增长2.9%，其中医药工业营业收入237.4亿元，增长3.12%；上海复星医药（集团）股份有限公司制药板块实现营业收入218.8亿元，增长0.52%；上海复星医药（集团）股份有限公司医疗器械与诊断板块实现营业收入52.17亿元，增长39.64%。

表2 2020年上海医药制造业前10位企业（按主营业务收入）

| 序号 | 企业名称 |
| --- | --- |
| 1 | 上海罗氏制药有限公司 |
| 2 | 上海联影医疗科技有限公司 |
| 3 | 中美上海施贵宝制药有限公司 |
| 4 | 上海勃林格殷格翰药业有限公司 |

| 序号 | 企业名称 |
|------|----------|
| 5 | 上海西门子医疗器械有限公司 |
| 6 | 帝斯曼维生素（上海）有限公司 |
| 7 | 扬子江药业集团上海海尼药业有限公司 |
| 8 | 上海上药第一生化药业有限公司 |
| 9 | 上海东富龙科技股份有限公司 |
| 10 | 上海之江生物科技股份有限公司 |

资料来源：上海市统计局。

## （二）推动重大项目落地

2020 年，上海市生物医药固定资产投资 88.5 亿元，比 2019 年增长 27.3%。同时一批重大项目稳步落地，投资 100 亿元的宝山上药超级工厂项目、投资 65 亿元的闵行威高上海国际研究院、投资 35 亿元的松江华复长三角智能医疗产业谷等重大项目正在按照计划进度施工建设，总项目数 84 个，投资规模超过 655 亿元。这些项目的开工建设，将为上海市生物医药制造业后续发展注入源源不断的增长动力。

## （三）持续优化 "1+5+X" 生物医药产业空间布局

上海加快打造具有国际影响力的生物医药产业创新高地，进一步提高产业空间承载能力，持续优化 "一核两翼一带多点" 协调发展格局。2020 年 10 月 22 日，上海正式发布了《关于推动生物医药产业园区特色化发展的实施方案》，方案提到要以张江生物医药创新引领核心区为轴心，以临港新片区精准医疗先行示范区、东方美谷生命健康融合发展区、金海岸现代制药绿色承载区、北上海生物医药高端制造集聚区和南虹桥智慧医疗创新试验区为依托，发挥市级特色园区品牌效应，共同构建 "1+5+X" 生物医药产业空间布局，推动上海生物医药产业高端化、智能化和国际化发展，加速建设全球顶尖的生命科学创新策源地、国内生物医药先导区和长三角一体化生物医药产业协同引领区。预计到 2022 年，本市生物医药产业园区将推出可用空间近 12500

亩，物业 630 万平方米，实现制造业总产值超过 1700 亿元；到 2025 年，将推出可用空间近 26000 亩，建成 1 个千亿级园区。

### （四）创新资源集聚度高

#### 1. 专业技术服务平台

截至目前，上海共建有 74 个专业技术服务平台，涵盖药物早期研究、临床前研究、临床研究、审批与投产上市等全产业链各环节的产业服务平台体系。

#### 2. 重点实验室

目前，在生物医药领域，上海共建有部级与国家级重点实验室 57 个，其中国家级实验室 17 个，包括依托企业的国家级实验室 2 个，如依托上海药明康德新药有限公司的药物先导化合物研究国家重点实验室与依托上海张江生物技术有限公司的抗体药物与靶向治疗国家重点实验室。其他 15 个实验室均依托机构设立，涉及领域包括了医药研发的全产业链，如前端的生化与遗传机制研究、神经科学研究到后端的生物反应器、生物医用材料研究等。

#### 3. 工程技术中心

在工程技术中心领域，上海共建有生物医药领域工程技术中心 57 个，其中部级工程技术中心 56 个，国家级工程技术中心 1 个，为国家中药制药工程技术研究中心。2019 年，上海市医学 3D 打印技术临床转化工程研究中心入选上海市工程研究中心。

#### 4. 企业研发中心

截至 2020 年 10 月，上海已有外资研发中心 477 家，由世界 500 强企业设立的研发中心约占 1/3，其中至少有 49 家是全球研发中心，主要集中在生物医药、信息技术、汽车零部件和化工等行业。2020 年 11 月，上海市新认定了 30 家跨国公司地区总部和 10 家研发中心，其中，生物医药领域 4 家。

#### 5. 高水平创新基地

目前，张江科学城在高水平创新基地布局方面已初步成型，形成功能互补、良性互动的协同创新格局，成为顶级科学家的"孵化器"。2017 年 9 月，张江实验室挂牌，目标是打造代表国家最高水平，集突破型、引领型、平台型为一体的国家实验室。挂牌成立的还有上海脑科学与类脑研究中心，启动张江国家实验室建设方案，建设李政道研究所、张江药物实验室、复旦张江国际创新中心、上海交大张江科学园等高水平创新机构和平台。

### 6. 临床试验资源

在药物临床试验资格方面，上海的药物临床试验资源主要集聚在徐汇区、浦东新区、黄浦区和静安区。其中，徐汇区拥有包括复旦大学附属眼耳鼻喉科医院、复旦大学附属中山医院、复旦大学附属肿瘤医院在内的 9 家药物临床试验资格机构，涉及肿瘤、心血管、医学影像等共 66 个专业，是上海拥有药物临床试验资格机构最多的地区；在已备案的医疗器械临床试验方面，上海的医疗器械临床试验资源主要集聚在浦东新区、徐汇区、黄浦区和静安区，为企业药物的上市奠定了重要的基础。

## （五）企业融资渠道不断拓宽

根据硅谷的 2020 年银行投融资报告，在 2020 年，在鼓励内部创新政策的激励下，我国的医疗健康风险投资交易总计达到创纪录的 121 亿美元，与 2019 年相比翻了一倍，也创下了投融资金额的历史新纪录。其中，在生物医药、医疗器械、诊断/工具领域都达到了 100% 以上的增长幅度。在我国，风投支持的初创公司大多数依靠国内投资者，其中最为活跃的投资者包括高瓴资本、启明创投、红杉资本、礼来亚洲基金等。在生物医药领域，肿瘤学和平台技术名列前茅，分别吸引到 28 亿美元和 21 亿美元风险投资。因为新冠肺炎疫情的原因，抗感染领域吸引到的风投资金比 2019 年增加了 10 倍。

2020 年，我国医疗健康投融资事件发生最为密集的 5 个区域依次是上海、北京、广东、江苏和浙江。其中上海累计发生 198 起融资事件，筹集资金高达 494.5 亿元人民币，排名第二的北京达到近 100 亿元人民币。在上市方面，2020 年我市共有艾力斯、复旦张江、三友医疗、奕瑞科技、君实生物、三生国健 6 家公司在上海科创板上市，比 2019 年增加了两家。

# 山东省医药产业国际化发展综述

山东省医药行业协会

"十三五"期间是山东省医药工业经济发展的一个重要转型期。与全国大形势一样，山东省医药工业经历了由两位数的高速增长转向个位数较低速增长，发展方式由规模速度型转向质量效率型，经济结构调整由增量扩能为主转向调整存量、做优增量并举，发展动力由主要依靠资源和人工劳动力等要素投入逐步转向创新驱动。

五年来，协调推进"四个全面"战略布局，深化供给侧结构性改革，努力实现医药工业由高增长转向高质量发展，在保供应、稳增长、惠民生方面发挥了积极作用。医药工业运行质量继续保持全省工业前列，主要经济指标名列全国前茅，尤其是在新冠肺炎疫情影响下，山东省医药工业运行显现出极强的韧劲。

## 一、山东医药产业发展概述

### （一）产业集中度不断提高，经济效益阶段性增长

截至"十三五"规划末，山东省医药工业形成了化学药、生物药、中药、医疗器械及装备、药用辅料、药用包装系统、制药装备等完整的医药产业链体系。产业集中度也在不断提高，2020年规模以上医药工业企业有667家，包括：化药210家；中药88家；医疗器械109家；生物制品86家；卫生材料及医药用品制造98家；印刷、制药、日化及日用品生产专用设备制造51家；药用辅料及包装材料25家。

## （二）创新活力有所增强，科研成果不断涌现

截至"十三五"规划末，全省拥有国家级医药创新公共服务平台21个、药物安全评价研究中心5家、药物临床试验机构61家，还有4个首批国家药监局重点实验室等高层次研发平台，多个企业在欧美发达国家和国内中心城市创立了研发中心。全省医药工业规模以上企业研发投入平均强度达到3%，部分骨干企业研发投入强度达到5%以上。齐鲁制药、步长制药、鲁南制药、瑞阳制药、绿叶制药、罗欣药业、新华制药、辰欣科技、睿鹰制药、鲁抗医药和齐都药业等一批企业研发投入强度达到7%以上。2020年，步长制药的宣肺败毒颗粒、山东泰邦的凝血因子九、绿叶制药的注射用利培酮微球、荣昌制药的注射用泰它西普等临床价值高的新药相继获批上市，标志着山东省医药产业进入了创新、高质量发展的快车道。

"十三五"时期，山东省医药工业深入推进供给侧结构性改革，发展活力进一步增强。医药工业重点项目进一步推动了产业结构升级。

## （三）发展基础雄厚，产业门类齐全

山东工业门类齐全，体系完整，是全国唯一一个拥有41个工业大类的省份，医药产业具备优秀的"工业土壤"，拥有高端化工、中间体、原料药、制剂、医药包材、制药设备、中药材种植、饮片加工、高分子材料、电子信息、纺织、机械、能源等涉及医药产业全链条的门类资源，具备医药产业发展的最大优势。

产业发展历史悠久，产业基础雄厚，新华制药和新华医疗是新中国最早的化学制药企业和医疗器械企业，中药企业包括拥有400多年的发展历史的山东广育堂、150多年历史的济南宏济堂、鲁抗制药、瑞阳制药、上药国风、青岛黄海、东阿阿胶、福胶集团等医药产业的中坚力量，均有50年以上发展历史。

## （四）骨干企业实力增强，龙头效应持续彰显

截至"十三五"规划末，骨干企业对产业发展的引领作用进一步加强，产业集中度进一步提高，75家骨干企业数量占全行业的13%，主营业务收入

达到 790 亿元，占全行业的 64%；利润总额 142 亿元，占全行业的 71%。全省医药工业主营收入超过 200 亿元的企业有 1 家，100 亿元到 200 亿元的企业有 3 家，50 亿元到 100 亿元的企业有 6 家。13 家企业入选"工信部 2020 年度中国医药工业百强"企业。

### （五）中小企业持续发力，专项领域各具特色

2019—2020 年，具有专项技术、精心设计、特殊配方、自主创新的专精特新"小巨人"医药企业共 9 家，分别是山东博科、中保康医疗、英科医疗、焦点生物、宝来利来生物、沪鸽口腔、阳成生物、正大制药（青岛）。瞪羚企业（指创业后跨过死亡谷以科技创新或商业创新模式为支撑进入高成长期的中小企业）共有 35 家。

## 二、山东医药产业国际化发展情况

### （一）对外合作不断深化，国际化战略持续推进

"十三五"期间，全省医药企业在美获得 FDA 批准的 ANDA 药品注册达到 31 个，境外投资规模不断扩大，企业通过并购获得欧美主流市场"话语权"。

### （二）重点企业对外合作成果明显，国际化程度进一步提高

#### 1. 齐鲁制药

已有 14 个制剂产品在美国上市，2020 年创汇 6500 余万美元，较 2015 年增长 60%。

#### 2. 绿叶制药

通过与国外生物科技和 CRO 公司合作，开展了 10 余个在研产品的国际临床试验和新药注册工作；并已在瑞士、加拿大和以色列提交新药上市申请，部分生产线获得澳大利亚 GMP 证书、欧盟 GMP 证书、美国 FDA 认证，建成的注射用利培酮缓释微球生产基地于 2019 年 7 月以零缺陷通过美国 FDA 的上

市批准前检查（PAI）。

### 3. 新华制药

大力实施"制剂国际化战略"，与拜耳、辉瑞、罗氏等全球 200 多家知名企业保持战略伙伴关系。布洛芬片取得美国上市资格，解热镇痛类产量居世界前列，每年向全球提供片剂、胶囊剂、注射剂产品数量不断增加。

### 4. 齐都药业

紧紧抓住"一带一路"机遇，积极参与中国政府对外药品援助项目，奋力开拓亚洲、非洲、中南美洲、独联体等 70 多个新兴国家和地区市场。

### 5. 瑞阳制药

2020 年，公司可实现制剂出口创汇 2.05 亿美元，较"十二五"同期增长 163%。

### 6. 英科医疗

发挥全球 120 多个国家和地区市场资源优势，2020 年上半年实现主营业务收入 45 亿元，同比增长 3.5 倍，利润达到 19 亿元，同比增长了 26 倍。

### 7. 新华医疗

与日本莎罗雅公司合作，共同开发全球第一台过氧乙酸低温灭菌器，已申请四项国际发明专利，填补了国际空白，并打入日本市场。

### 8. 蓝帆医疗

通过并购心脏支架领域全球排名第四的新加坡柏盛国际集团，迅速实现由医疗低值耗材产业进入心脏支架及介入性手术相关器械国际化高值耗材产业领域。

### 9. 威高集团

通过收购在全球血管介入器械制造与销售领域具有优势地位的美国爱琅公司，以及在全球 X 射线辐照技术和 X 射线检测技术应用设备研发领域具有优势地位的美国拉德索斯公司，成功进入欧美主流市场。

### 10. 海尔生物医疗

牵头起草了 1 项世界卫生组织国际标准，有 18 个和 14 个型号的产品分别获得世界卫生组织 PQS 和美国能源之星认证并入选全球采购目录，获得认证产品数量居全球第一。

### （三）医药产业国际化政策支持

第一，以国内外两个市场需求为导向，积极促进国内外药政法规接轨，加大对企业国际认证的支持力度，组织企业开展国际化市场政策、法规、知识培训。第二，积极融入和贯彻实施"一带一路"倡议，鼓励有实力的医药企业加快"走出去"步伐。支持骨干企业在国外建设研发机构，充分利用国际人才、技术资源加快新药研发，对在海外设立全资或控股研发中心的，按照设备采购额进行一定比例补贴。第三，有效发挥行业组织自律、服务、维权的职能作用，在注册认证、市场准入等方面为企业提供政策咨询和技术培训，防止贸易壁垒，减少贸易摩擦，推动医药企业在产品引进、合同订制、联合研发、国际并购等方面的交流与合作。第四，大力推进创新药物及新型制剂国际化注册进程，加快 GMP 等生产质量体系国际认证，推动企业建设符合国际质量规范的生产线，提高国际化生产经营管理水平，加快拓展国际市场。第五，完善投资环境，积极吸引跨国医药公司来我省设立总部、研发中心和生产基地或引进新的产品。

## 四、国际化发展目标远景

### （一）明确产业国际化目标，加强国际化交流合作

开拓国际新兴市场，提高国际主流市场占有率，出口交货值保持年均增速 10% 左右。开拓渠道，加大与东亚、欧洲、德国、俄罗斯、以色列等国合作范围，巩固扩大与"一带一路"沿线国家和其他亚非拉地区市场现有合作。通过代工、联合制造，借他山之石提升企业管理水平和质量标准，增加在美获得 FDA 批准的药品注册数量，增加建设符合美国 FDA、欧盟 COS 等国际标准生产车间，增加企业在海外建立研发机构。

### （二）立足全球产业视角，正确认识国际市场

一方面，全球贸易保护主义升温，世界地缘政治格局、关税壁垒、非关税壁垒等单边主义盛行，各国更为关注区域产业链安全等，都将影响全球医药市场格局。发达国家制造业回归，跨国投资审查趋严，全球产业转移与技术合作面临约束。随着国际环境日趋复杂，新冠肺炎疫情影响越发广泛深远，不稳定性、不确定性明显增加。另一方面，要正确认识到，一个完全创新的药品如果没有全球市场特别是欧美日市场的认可无法成为真正"重磅炸弹"，创新的回报率也无法达到全球同样的水平，国际化是各国药企发展需求，所以中外药企之间在投资、知识产权、人才合作、产能共享等方面实现全球合作是最终趋势和正确选择。

第六篇

**多边合作**

# 联合国采取集体行动应对疫情

*联合国工业发展组织投资和技术促进办公室（中国·北京）*

## 一、联合国：全球合作是抗疫唯一手段

2020 年 3 月 31 日，联合国秘书长安东尼奥·古特雷斯（António Guterres）发布应对新型冠状病毒大流行带来的潜在破坏性的报告，呼吁所有人"共同采取行动，减轻疫情对人们的打击"。他指出，"新型冠状病毒正在攻击社会的核心，夺去人们的生命和生计，对全球经济和个别国家潜在的长期影响是灾难性的。这一人类危机需要全球主要经济体协调一致，采取果断、包容和创新的政策行动，以及对最脆弱人民和国家提供最大限度的金融和技术支持。"

新冠肺炎疫情给全球人民的生存福祉带来了深重影响。根据联合国世界卫生组织的统计，截至 2021 年 9 月 16 日，各国已报告了 226236577 例新冠确诊病例，包括 4654548 例死亡（见图 1）。

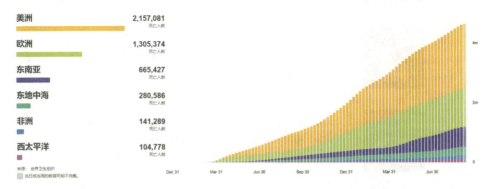

图 1　各区域确认的 COVID-19 累计死亡人数（截至 2021 年 9 月）

资料来源：世界卫生组织。

2021 年 7 月发布的《联合国秘书长可持续发展目标进展报告》揭示了新冠肺炎疫情危机对可持续发展产生的严重影响（见表1）。

表 1　新冠肺炎疫情对可持续发展的影响

| | |
|---|---|
| 1 无贫穷 | 新冠肺炎疫情导致近数 10 年来全球贫困人口首次增加，2020 年陷入贫困的人口数量增加了 1.19 亿到 1.24 亿人 |
| 2 零饥饿 | 在新冠肺炎疫情前就已经在增加的饥饿人口数量可能进一步增加 8300 万至 1.32 亿人 |
| 3 良好健康与福祉 | 新冠肺炎疫情打断了 70 个国家的儿童免疫接种计划，2020 年 5 岁以下儿童死亡人数可能会增加数 10 万 |
| 4 优质教育 | 未能达到最低阅读熟练水平的儿童和青年人数增加了 1.01 亿人，抹去了最近 20 年来在教育领域所实现的发展成果 |
| 5 性别平等 | 女性和女童面临的家庭暴力激增。受新冠肺炎疫情影响，未来 10 年内将有多达 1000 万女童面临童婚风险 |
| 8 体面工作和经济增长 | 2.55 亿个全职工作岗位流失。危机同时加剧了现有的不平等，威胁着 16 亿非正规经济领域劳动者的生计，衡量收入不平等的基尼系数在许多国家出现显著上升 |
| 13 气候行动 | 与大流行病相关的经济放缓对减缓气候危机几乎没有起到什么作用，2020 年仍未达到将全球变暖限制在 1.5 摄氏度所要求的温室气体排放每年下降 7.6% 的目标 |

资料来源：《联合国秘书长可持续发展目标进展报告》。

新冠肺炎疫情引发的医疗卫生、社会、经济和人权危机为全球提出了三大难题：病毒变异、疫情反弹和疫苗接种失衡，使多边合作受到极限考验，也进一步凸显了集体行动的重要性。

## 二、联合国系统及早行动，全面应对疫情

新冠肺炎疫情初期，联合国系统就及早采取了全面行动，领导全球公共卫生积极应对，向最脆弱者提供拯救生命的人道主义援助，确立了快速应对社会经济影响的手段并制定了在各条战线广泛采取行动的政策议程。联合国还向处于新冠肺炎疫情前线的各国政府和其他伙伴提供后勤、共同服务和行动支援，帮助各国在国家一级应对这一新型病毒和前所未有的全球挑战。减轻债务也是一个优先事项，联合国秘书长指出联合国已"充分动员"并设立了专门的 2019 新型冠状病毒应对和重建基金，以进行紧急救援并解决危机造成的社会经济影响。

联合国各专门机构及相关国际组织发挥各自优势，整合多方资源助力全球抗疫。在 2020 年 3 月到 4 月疫情暴发初期的关键阶段，世卫组织向 120 个国家运送了 150 万份检测试剂，协调全球研发保障基本药物供应并牵头发起 2019 冠状病毒疫情团结应对基金；联合国儿童基金会向学校和卫生诊所提供医疗包裹；联合国人道协调厅拨款 1500 万美元协助世卫组织与联合国儿基会在脆弱国家开展疫情防控工作，尽全力保障人道主义援助体系的持续运转；联合国开发计划署发布新冠肺炎疫情综合应对计划，支持 100 个发展中国家加强卫生系统、加强危机综合管理和应对、帮助各国评估新冠肺炎疫情的经济、社会和政治影响并寻找应对办法；世界银行集团推出总额可达 120 亿美元的初步方案提供即刻支持，协助各国应对全球疫情的卫生及经济影响。2020 年 4 月，WTO 与 WHO 发布联合声明，确保重要医疗用品和其他物资及服务的正常跨境流动；国际货币基金组织也对控灾减灾信托（CCRT）进行改进，确保基金组织能为最贫穷和最脆弱的成员国提供债务减免（见图 2）。

图 2　联合国系统 2019 冠状病毒病全面应对举措

资料来源：《联合国系统 2019 冠状病毒病全面应对举措》。

## 三、联合国携手中国稳定全球医药供应链

疫情使得全球供应链遭受严重冲击。各国对医疗用品需求的增加暴露了全球公共卫生资源分配失衡，医疗健康全球供应链不完善的问题。发展中国家和地区以及弱势群体缺乏足够的资源购买或生产有效应对新冠病毒所需的工具，致使全球抗疫医药资源分配远未达到公平可及。

例如，非洲的防疫卫生资源面临严重短缺，本土化医药制造和创新能力也显著落后。世卫组织希望今年年底前，全球所有国家都能为至少40%的人口接种新冠疫苗，但目前仅有两个非洲国家达成了这一目标，是所有地区中最低的。非洲拥有世界17%的人口，但疫苗制造能力不足世界的1%。非洲的疫苗制造商不到10家，其中大多数公司只进行包装和贴标，并不是制造。技术专业知识、培训和监管框架的缺乏，限制了基本设备在本地的生产，尤其是呼吸机等较为复杂的产品。

为帮助广大发展中国家更好地应对新冠疫情带来的风险和挑战，摆脱"孤岛现象"，联合国及其专门机构致力于统筹全球供应链枢纽资源，疏通防疫物资采购配送渠道。联合国调动自身强大的采购和后勤能力以及供应链网络。2020年4月初，联合国即成立了2019冠状病毒病供应链工作队，该工作队由世卫组织和世界粮食计划署负责协调，旨在大规模扩大对个人防护设备、检测和诊断物资以及生物医学设备的采购与运输。世卫组织提供科学有效的采购建议，确定哪一种快速诊断检测的效果最好；粮食署负责后勤，包括建立航线和全球配送枢纽。联合国儿童基金会利用其遍布全球的仓库和配送中心，协调针对紧急情况的快速响应。多家机构通过充分利用各个合作伙伴的专业知识，确保医疗防疫物资等"全球商品"的可及性。

对医疗用品进行本地化生产也是解决供应链难题的一个重要途径。为解决严重的短缺问题，联合国最不发达国家技术库、联合国开发计划署、联合国贸易和发展会议以及WHO于2020年5月12日启动"技术获取合作伙伴关系"，旨在将具备关键专业知识的制造商与发展中国家的新兴制造商联系起

来，以及帮助发展中国家增加获得救生医疗技术的机会。

中国支持联合国及其专门机构加强全球抗疫合作，通过国际多边平台开展对外援助，向有关国家提供医疗物资援助、派遣医疗专家组，帮助困难国家应对债务挑战等。2020年3月和4月，中国向WHO提供了两批共5000万美元现汇援助，用于增强有关国家防疫能力、加强公共卫生体系建设；为联合国全球人道主义应对计划提供5000万美元，以扩大对最脆弱群体的服务，保持供应链的正常运转。此外，中国积极协助WHO"团结应对基金"在中国筹资及在华采购个人防护用品和建立物资储备库，参与WHO发起的"全球合作加速开发、生产、公平获取新冠肺炎防控新工具"倡议。在全球供应链仓储及物流方面，中国政府与联合国世界粮食计划署合作，于2020年4月初在中国设立了全球人道主义应急仓库和枢纽，为包括联合国系统、各国政府及其他人道主义合作伙伴在内的国际社会提供全球抗疫应急响应。

2020年5月，在第73届世界卫生大会视频会议开幕式上，中国国家主席习近平发表致辞，呼吁各国团结合作战胜疫情，共同构建人类卫生健康共同体，提出全力搞好疫情防控、发挥WHO作用、加大对非洲国家支持、加强全球公共卫生治理、恢复经济社会发展、加强国际合作等6点建议，并宣布两年内提供20亿美元国际援助，与联合国合作在华设立全球人道主义应急仓库和枢纽，建立30个中非对口医院合作机制，中国新冠疫苗研发完成并投入使

图3 刚果（布）官员在布拉柴维尔的机场迎接中国政府援助的国药集团中国生物新冠疫苗（新华网）

图4 首批100万剂由国药集团生产的新冠疫苗运抵塞尔维亚首都贝尔格莱德，塞总统武契奇接机（新华网）

用后将作为全球公共产品，同二十国集团成员一道落实"暂缓最贫困国家债务偿付倡议"等中国支持全球抗疫的一系列重大举措。

在国际援助以外，中国有序开展防疫物资出口，为各国采购防疫物资提供支持和便利，为维持国际产业链和供应链畅通、保障抗疫物资运输发挥了重要作用。据中国海关统计，2020年3月至12月，中国海关共验放出口主要疫情防控物资价值4385亿元。截至2021年8月，中国对外援助和出口疫苗数量超过其他国家的总和，中国已向世界提供新冠疫苗和原液超7亿剂。联合国及其专门机构携手中国，共同为全球新冠病毒的检测和防治工作提供有力支持，应对新冠肺炎疫情、稳定全球医药供应链工作取得显著成效。

图5  加蓬总统阿里·邦戈·翁丁巴到访华大基因设于加蓬首都利伯维尔的气膜"火眼"实验室（华大基因官网）

# 工发组织多维度对抗疫情

联合国工业发展组织投资和技术促进办公室（中国·北京）

## 一、工发组织全力支持中国政府抗击疫情

联合国工业发展组织（UNIDO，简称工发组织）成立于 1966 年，是致力于促进工业发展的联合国专门机构，以努力完成减贫、包容性全球化和环境可持续性方面的工作为目标。自 2008 年以来，工发组织一直协助中国以安全、无害环境的方式加强医疗废物管理。工发组织与中国生态和环境部合作实施的项目，已经系统地帮助全国 170 多个处置中心和 1500 多家医院提升医疗废物处理能力。自新型冠状病毒疫情在中国暴发以来，工发组织给予高度关注。2020 年 2 月 6 日，工发组织李勇总干事致信中国国家主席习近平，对中国政府采取及时、高效的抗击疫情举措高度赞赏，表示工发组织将全力支持中国政府与人民抗击疫情。

工发组织通过项目向中国提供紧急援助。2020 年 2 月 14 日，中国常驻维也纳联合国代表团王群大使与工发组织李勇总干事签署相关项目文件。通过该项目，工发组织向中国政府提供 10 万个医用口罩及 2 万套防护服，向中国为应对疫情新建的医院提供处理能力为 4 吨/天的医疗废物处置设备。此外，该项目还将为中国各城市及农村地区的医院和处置中心的工作人员提供培训，通过视频以及其他远程培训资料帮助医护人员学习管理医疗废物。

## 二、工发组织举办全球论坛，多维度合作抗疫

2020 年 6 月 15 至 16 日，"联合国全球契约领导人峰会暨联合国全球契约

**图1  项目支持的移动式医疗废物处理设备在武汉投入使用**

资料来源：工发组织。

组织20周年活动"围绕"更好复苏、强劲复苏、共同复苏"议题采取线上直播形式举行。工发组织总干事李勇在高级别会议"新冠疫情后的创新性复苏：公私合作的力量"上致辞，指出可持续工业是经济增长和发展的关键驱动力，并表示工发组织将着眼于在应对危机的同时重塑未来，聚焦新冠肺炎疫情危机中所蕴含的机遇，与合作伙伴携手多维度推动更好、强劲和共同复苏。全球180多个国家超过两万名参会者出席了100场活动。

联合国工业发展组织投资和技术促进办公室（中国·北京，ITPO Beijing）负责人携数字化合作伙伴及生物科技项目专家于峰会"中国在第四次工业革命背景下，为应对新冠疫情所采取的行动"主题环节发表演讲，并与多国与会者现场互动，为疫情危机下产业界如何支持发展中国家从新冠肺炎疫情中恢复指引了方向。思爱普公司专家指出，在 ITPO Beijing 的提议下，SAP 将 Ariba Discovery 扩展到所有发展中国家特别是中小企业免费使用，"确保不让任何一个人掉队"。ITPO Beijing 生物科技专家表示，应"边实践边创新"，倡议建立全球"智慧医药创新与产业合作平台"，一方面着眼于新冠疫苗和药物的研发与产能准备及对接，重视建立产、学、研、服一体化机制，鼓励公共和私营部门合作伙伴之间的数据共享，以务实高效的国际合作为全球抗疫提供有力支撑；另一方面密切关注个人防护用品标准与交易平台建设，推动其国际标准的制定和区域应急战略储备体系的搭建。

2020 年 10 月 5 日，由工发组织和南南合作金融中心共同主办的第五届"一带一路"城市大会以线上方式举行。会议主题为"推进十年行动计划：新型冠状病毒性肺炎与城市的未来"，着眼绿色、社会和科技创新，以应对危机、重振经济。工发组织李勇总干事为大会致开幕词时强调："新冠疫情迫使我们跳出固有思维模式，寻求创新解决方案。因此，我们需要通力合作，共同实现包容且具有气候抗御力的复苏。'一带一路'城市大会的目的是在疫情中后期促进建立城市间长期合作伙伴关系。"ITPO Beijing 主任武雅斌教授在"城市突发性公共卫生事件应急消毒防范研讨会"与商业伙伴线上展示和分享了高科技绿色抗疫方案。

2020 年 11 月 7 日，由工发组织投资和技术促进网络、中国新闻社国是论坛共同主办，强生中国支持举办的"第四次工业革命与智慧医疗论坛"在第三届中国国际进口博览会上盛大召开，约 150 名来自政府、学界、业界、医疗健康界的代表围绕"医疗创新与数字化变革引领健康未来"主题分享了全球医疗创新及公共卫生领域的真知灼见。上海市副市长宗明、商务部副部长（时任部长助理）任鸿斌、联合国工发组织执行干事伯纳德·卡尔扎德拉·萨尔门多致辞。全国政协委员、国务院参事室特约研究员、原保监会副主席周延礼，国家卫健委高级别专家组成员、中国疾病预防控制中心流行病学前首席科学家曾光，上海市新冠肺炎医疗救治专家组组长、复旦大学附属华山医院感染科主任张文宏，西安杨森制药有限公司总裁、中国外商投资企业协会药品研制和开发行业委员会执行委员会主席安思嘉等多位专家与会分享真知灼见。

### 三、工发组织成立产业联盟，运用工业4.0破解全球价值链新难题

工发组织认为，疫情下出现医疗设备供应短缺问题的根源在于，医疗设备生产所依赖的分布于全球的供应商遭遇疫情冲击生产与运输不便，导致前端的零部件供应不足，阻碍了医疗设备生产链条正常运转。

第四次工业革命带来的先进数字化技术为全球抗疫进程和智慧医药发展带来诸多机遇。以大数据、云计算、人工智能、增材制造为代表的先进数字技术有望在一定程度上帮助填补呼吸机和个人防护用品市场的供应短缺，并在防疫信息收集和疫情溯源、病毒检测、疫情的研究防治以及临床诊疗等方面都发挥着重要作用。目前，数字化驱动的智慧医药已经开始惠及最不发达国家。例如，加纳采用货运无人机技术将1000多家农村医疗站的核酸检测样本带到大城市的实验室中，将原有几个小时的公路运输时间缩小到最快一小时内，实现更高的检测效率。基于云、移动网络和物联网，移动通信运营商在非洲推出了"数字工具箱"解决方案，在非洲55个国家实现疫苗接种预约、供应链、药品安全与库存数字化管理。可以说，有了"上云、用数、赋智"的"特效药"，医药产业能够更好地帮助广大发展中国家人民克服疫情给公共卫生带来的冲击。

从更深层次来看，工业4.0不仅作用于医疗设备的生产链条，还将对各国参与全球价值链的程度及发展前景产生潜移默化的影响。一方面，工业4.0潜在地降低了企业对制造业中低技能、低成本劳动力的依赖，改变了各国的比较优势，使发展中国家难以通过参与全球价值链获益；另一方面，工业4.0依托数字化技术，使全球价值链更易参与且便于管理，电子商务更是进一步降低了实体基础设施连通的重要性，有利于发展中国家在某些领域融入全球价值链。

图2　联合国工业发展组织第四次工业革命产业联盟成立

资料来源：UNIDO ITPO Beijing。

为促进包容性与可持续工业化发展，工发组织提出国家伙伴关系方案（PCP）和非洲工业发展第三个10年（IDDA3），以全力搭建国际产业合作平台，缩小发展中国家和经济转型国家与发达工业化国家之间的技术鸿沟，有效缓解新冠肺炎疫情导致医疗设备短缺。2020年11月，工发组织在上海成立了"联合国工业发展组织第四次工业革命产业联盟"，协助不同发展水平的国家集体应对第四次工业革命带来的挑战和机遇，助力传统行业转型和消除极端贫困，解决中小企业面临的技术难题，加速发展中国家的工业化进程并惠及各国，推动第四次工业革命先进数字制造技术发展，破解全球医药供应链新难题，促进后疫情时代更快、更好、更强劲、更绿色复苏。

# ITPO Beijing 通过投资与技术促进助力全球抗疫

联合国工业发展组织投资和技术促进办公室（中国·北京）

联合国工业发展组织投资和技术促进办公室（中国·北京，ITPO Beijing）是联合国工发组织在中国负责投资与技术促进的专门机构。作为工发组织全球投资和技术促进网络伞形结构的一员，ITPO Beijng 致力于发现、识别、评估、创造新工业革命带来的颠覆性技术和全新投资机会。疫情暴发以来，ITPO Beijing 积极行动，通过一系列投资与技术促进项目，调动全球资源帮助中国企业与医疗机构抵御疫情冲击，推动智慧医药创新与国际化产业合作。

## 一、在中国，积极协调抗疫物资和民生保供渠道

智慧医药创新是 ITPO Beijing 重点关注的领域之一。2020 年 1 月 30 日，WHO 宣布新冠肺炎疫情为国际关注的突发公共事件（PHEIC）。ITPO Beijing 对新冠肺炎疫情冲击下的世界经济形势高度关注，深入分析疫情对中国经济形势和贸易投资产生的影响，认为影响跨国投资决策的决定性因素是该国的综合营商环境及其在全球价值链中的地位，而从长期来看，中国在这两个方面不会发生根本性变化。

中国疫情防控措施果断有力、效果明显，为企业制定的帮扶措施积极稳健，复工复产有序进行。疫情期间，ITPO Beijing 积极同中国政府、商会、企业合作，协助捐赠医用物资、帮助企业抗击疫情冲击：协助全球大型连锁快餐企业申请地方民生保供企业资质，保障当地居民和抗疫工作人员的基本餐饮需求；通过浙江省红十字会，将海外中国企业捐赠的 1000 多套防护服紧急空运到一线医护人员手中；协助高新技术企业向武汉捐助高科技消毒产品，并对

武汉市的医院、方舱医院、医管人员驻地及公共安全重点区域等实施喷涂消杀作业，相关报道入选工发组织官方网站"十大最具影响力的年度故事"。

图1 ITPO Beijing 助力中国抗疫

资料来源：UNIDO ITPO Beijing。

## 二、响应全球倡议，征集推广创新思维与技术

2020年6月，工发组织投资和技术促进网络发起"创新思维与技术应对新冠疫情"全球倡议，旨在全球范围内征集并推广最具创新性的解决方案和可扩展技术，以缓解新冠肺炎疫情对发展中国家带来的影响，并使其经济更具复原力。来自五大洲108个国家的1101个创新项目参加了此次创新大赛。ITPO Beijing 推荐并提供技术支持的上海置中环保科技股份有限公司"室内实时动态空气与物体表面消毒"项目在390个项目中拔得头筹，获得"突发卫

生事件"类别的并列第一名，成为此次大赛中唯一获得优胜奖的中国项目。该项目以空气中的氧气为原料，能够对人无伤害、对环境无污染地杀灭空气中和物体表面99.99%的新冠病毒。ITPO Beijing 推荐的 SAP "Ariba 全球互联与协作网络"项目，也在"具有复原力的工业和基础设施"类别的 238 个项目中表现出色，受到评审团专家的高度评价。后续，ITPO Beijing 还通过中国国际服务贸易交易会（CIFTIS）和中国国际投资贸易洽谈会（CIFIT）等国家级展会，为获奖企业提供展示与交流平台。目前，上海置中环保科技股份有限公司已通过混合所有制改革，将生产能力从月产量 1000 台提升到 4 万～5 万台，设计月产能达到 30 万台。

图 2  获奖企业参加 ITPO Beijing 中国国际服务贸易交易会、
中国国际投资和贸易洽谈会展台， 并进行路演

资料来源：UNIDO ITPO Beijing.

# 包容与可持续工业发展加速医药
# 产业链国际合作

联合国工业发展组织投资和技术促进办公室（中国·北京）

## 一、包容与可持续工业发展对后疫情时期复苏至关重要

工业化对满足疫情影响下世界人民的迫切需求具有重要意义。工业发展和工业化不仅可以帮助世界从新冠肺炎疫情中复苏，短期内使经济和民生重回正轨，更重要的，工业将成为重建和保障长期繁荣的关键。工发组织认为，工业化可以为受疫情影响的人们提供社会经济机会。包容与可持续的工业发展可以促进创新，使第四次工业革命惠及所有人，减少气候变化的影响，并增加供应链的循环性，最重要的，能为创建有复原力的基础设施奠定基础，进而促进经济的稳定与增长。

新冠肺炎疫情及其相关限制措施从各方面严重打击了工业部门，尤其是制造业领域，而工业部门是一个国家主要的雇用部门和收入来源。疫情发生以来，全球制造业外商直接投资的数量和资本流量都明显减少。传统生产国受打击程度尤为严重，由于工厂关闭或开工率大大低于产能，导致贸易下降和跨境生产网络中断。同时，供应链实质性的国有化或区域化有可能进一步降低世界经济中供应商的多元性，并限制了发展中经济体和新兴经济体从与全球价值链相关的资本流动中获益，以及减少了进入国际市场获得人力资本和知识的机会（见图1）。这种发展肯定会给发展中国家的工业化进程造成沉重打击，并阻碍过去多年来在许多发展中国家已取得的社会经济进步。因此，受新冠肺炎疫情影响的全球经济链中断将会留下长期的隐患：在未来很多年里发展中国家通过融入全球价值链进行工业化的

潜力将大大降低。

在新冠病毒大流行的背景下，工发组织加大力度，完善多边决策机制，并协助各国开辟其他途径来实现包容和可持续的工业发展。鉴于发展需求的紧迫程度，工发组织将重点关注撒哈拉以南非洲、中东和北非地区、最不发达国家和弱势二十国。

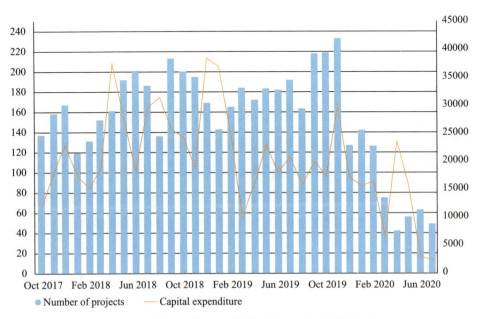

图1　新冠肺炎疫情对全球制造业外商直接投资的影响

资料来源：Bureau van Dijk，工发组织官网。

联合国与中国支持包容与可持续工业发展。新冠肺炎疫情对不同区域的影响差异很大，联合国关注受影响最严重的人，包括63个本已面临人道主义或难民危机或高度脆弱的国家，以及受影响最严重的群体（妇女、儿童、老年人、残疾人、有精神健康问题的人、流动人口和其他群体）。这与中国尤其关注发展中国家的民生健康与福祉不谋而合。中国对外提供的疫苗总量中，超过九成流向亚非拉国家。在2021年5月21日召开的全球健康峰会上，中国国家主席习近平宣布中国已向80多个有急需的发展中国家提供疫苗援助，向43个国家出口疫苗。中国已为受疫情影响的发展中国家抗疫以及恢复经济社会发展提供了 20 亿美元援助。此外，除了对外供应大量疫苗成品，中国还致力于拓展海外联合生产，帮助发展中国家提高疫苗生产能力，有效增加全球疫苗供给。中国还将在未来 3 年内再提供 30 亿美元国际援助，用于支持发展中国家抗疫和恢复经济社会发展。2021 年 9 月 17 日，习近平主席在出席上海合作组织成员国元首理事会第二十一次会议时表示，中方将加紧实现全年向世界提供 20 亿剂疫苗，深化同发展中国家抗疫合作。

## 二、建立智慧医药国际产业合作平台的未来展望

新冠病毒疫情的蔓延使全球流动性风险激增，暴露了全球医疗资源严重短缺与失衡的问题。在应对全球卫生危机方面，联合国机构发挥着重要作用。以联合国机构为中心的国际多边组织，对各国建立强有力的社会保障体系、加强医疗卫生系统和全民健康覆盖等方面的广泛努力给予支持，在获取 COVID-19 工具加速计划及 COVID-19 疫苗全球获取机制的创建和运作方面发挥了促进作用。2020 年 6 月，WHO 协同全球疫苗免疫联盟（GAVI）与流行病预防创新联盟（CEPI）牵头设立"新冠疫苗实施计划（COVAX）"，计划在 2021 年底前在全球范围内提供至少 20 亿剂安全有效的新冠疫苗，旨在为实现全球民众公平接种新冠疫苗，确保所有参与的国家和经济体都能公平获得新冠疫苗。截至 2021 年 6 月中旬，已有 1.75 亿剂新冠疫苗通过这一机制已经或正在运往 131 个国家和地区。

但与此同时，疫情在各国的暴发与升级存在极大不确定性，因此疫苗的研发和生产需要多地政府主导。各国政府应协同企业、商协会和公益组织等机构，科学合理规划，因地制宜建立政策机制促成国际合作技术攻关。中国应对新冠病毒疫情的经验和成就为全球抗疫作出突出贡献。作为疫苗产业大国，中国在不断提升与多边国际组织的合作，以实际行动破解全球疫苗"分配赤字"。2021 年 7 月，全球疫苗免疫联盟宣布已同中国国药集团和科兴公司签署预购协议，意味着两家中国企业的疫苗进入"新冠疫苗实施计划"疫苗库。截至 2021 年 8 月，已有约 97 万和 170 万剂由国药集团中国生物提供的

图 2　联合国的 COVID-19 疫情应对行动具有全球覆盖、
可扩缩性和跨支柱协调的特点

资料来源：《2021 年秘书长关于联合国工作的报告》。

新冠疫苗分别运抵巴基斯坦和孟加拉国。中国医药企业还致力于与非洲国家
开展新冠疫苗分装合作，助力发展中国家增加医药产能供应，例如，2021 年

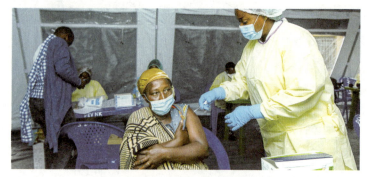

图3　刚果民主共和国的一名妇女在接种通过全球获取机制
交付非洲的新冠疫苗（联合国官网）

5月，中埃签署新冠疫苗在埃及本地化生产合作协议，截至2021年7月，埃及已完成首批100万剂疫苗的本地化生产。目前，该生产线年生产能力为2亿剂，已能满足埃及当地的疫苗需求。

图4　来自埃卡科特贝的一名医护人员展示埃塞俄比亚通过 COVID-19 疫苗
全球获取机制得到的首批疫苗（联合国儿童基金会）

在现有产业基础上，中国应尽可能在医疗生产方面技术创新，发挥其在技术和成本方面的优势，注重将疫苗开发与国际资源相结合，建立高效创新的医药研发和生产体系。目前，发达国家在医疗健康产业创新方面已有较完备的平台支持。例如，美国主要依靠便捷的资金募集、高标准审核及巨大的盈利空间来拉动医疗产业创新；以色列主要依靠中小企业，以孵化器和技术转移中心为载体，以产学研一体化解决方案为主要模式，以政府补贴与机构投资结合为资金保障，建立医疗大健康产业创新集群。如何与大国建立竞争

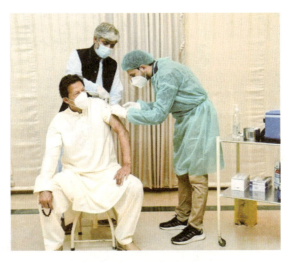

图5　巴基斯坦总统接种中国新冠疫苗（新华网）

图6　国药集团中国生物与摩洛哥王国新冠灭活疫苗合作
签约仪式（国药集团官网）

合作的互利模式，及如何同中小国家建立互补共赢的全球价值链，是中国各级政府在开展医药产业国际合作时需要优先思考和解决的问题。

在此背景下，ITPO Beijing 倡议并支持成立"智慧医药产业国际合作平台"，整合全球医药技术和产业资源，促进包容与可持续工业发展与医药产业链国际合作。该平台旨在：促进产、学、研、服务一体化智慧医药产业国际合作，对接国际、国内相关政策及审批部门，相关产业及医疗服务机构；加强智慧医药研发及产业化和智慧医疗服务体系化建设并建立相关产业数据中

图 7　埃及吉萨的 VACSERA 公司疫苗生产厂装盒的科兴新冠疫苗（新华网）

心；以全产业链智慧医药产业数字化资产为核心，重塑相关产业全球价值链，推进相关金融保险创新，建立有全球影响力的投资基金，以及开展国际交流合作并建立全面的战略合作伙伴关系等。

表 1　部分国产药物获 FDA 资格认证情况

| 目标 | 结果 | 产出 |
|---|---|---|
| 建立智慧医药产业国际合作平台 | 国际合作平台 | 国际医药/疫苗研发及产业化合作和国际医疗服务合作平台加速器建设，整体产业链发展合作及管理模式设计 |
| | 数据平台 | 国际医药/疫苗研发及产业化合作，国际医疗服务合作项目库及数据管理平台搭建 |
| | 保障机制与发展模式 | 国际医药/疫苗研发及产业化合作，以及国际医疗服务合作项目库评价体系设计和执行机制建设 |
| | | 建立国际合作项目对接、跟进和落地机制 |
| | | 设计建立以全球价值链创新和保护知识产权为基础的共同研发，共同产业化，共同受益的国际公共私营合作模式 |
| | | 平台运营及项目管理评估总结及经验分享 |
| | 项目试点 | 医药/疫苗研发及产业化项目试点 |
| | | 医疗服务产业对接合作项目试点 |
| | 国际合作关系 | 建立高层专家咨询管理委员会及地方平台项目管理委员会 |

续 表

| 目标 | 结果 | 产出 |
|------|------|------|
| | 能力建设机制 | 行政管理培训 |
| | | 医药/疫苗研发管理培训 |
| | | 医药/疫苗产业落地合作管理培训 |
| | | 国际会议/国际交流合作机制建 |
| | | 以疫苗医药研发和产业落地及医疗服务体系建设为基础的国际项目考察 |
| 建立智慧医药产业数据中心 | 服务体系与数据中心 | 智慧医药/疫苗研发及产业化和智慧医疗服务体系化设计和执行方案 |
| | | 智慧医药/疫苗研发及产业化和智慧医疗服务数据中心设计和建设 |
| | | 智慧医药/疫苗研发及产业化和智慧医疗服务数据资产评估体系设计和建设 |
| | 项目试点 | 智慧医药/疫苗研发及产业化和智慧医疗服务体系化产业项目试点 |
| 建立支撑体系 | 投资基金落地措施 | 疫苗医药研发，产业化项目合作资源整合战略及执行设计 |
| | 合作机制 | 建立有全球影响力的投资资金推进相关产业金融投资项目合作机制 |
| | | 建立国际组织相关项目合作机制 |
| | | 建立国家项目落地合作机制 |
| | | 建立相关国际产业合作对接及落地合作机制 |
| | | 建立综合项目评价体系，以高质量医药/疫苗研发及产业化落地为核心，评价项目资源分配、布局及管理安排。 |
| 建立国际合作伙伴关系 | 国际合作关系搭建措施 | 定期召开国际会议交流创新与相关国际研究机构合作发布相关产业投资报告 |
| | | 定期发布项目合作清单及项目招标促进相关产业合作 |
| | | 建立项目互联网及手机应用平台 |

正如工发组织总干事李勇所言，正当国际社会步入"行动十年"、决心加快实现 2030 年可持续发展议程之际，新冠肺炎疫情造成了全球重大生命和经济损失。但和每一次破坏性事件一样，这场悲剧或许会给大家带来重要的经

验教训和意料之外的机会，以建设更加美好的未来。这场危机清楚地表明，加强国际协调与合作是必要的。中国在疫情突发下，迅即应对并及时遏制了疫情蔓延势头，统筹推进疫情防控和经济社会发展，目前全国疫情防控已进入常态化，成就举世瞩目。中国积极开展医药领域国际交流合作，分享疫情信息，开展科研合作，为国际组织和其他国家提供援助，为全球抗疫贡献了中国智慧、中国力量。未来，国际社会需继续努力，加强全球公共卫生领域的多边合作，建立全球医药产业国际合作平台机制，加强国际人才交流，加大政府与民间机构协同，积极开展相关赋能培训活动，为发展中国家、欠发达地区和社会弱势群体提供专项扶助资金等系列务实举措，共同为尽早实现联合国 2030 年可持续发展议程中的目标而不懈努力。联合国及其专门机构，包括工发组织及其投资和支持的全球网络，将在建立国际伙伴关系和开展务实合作等方面发挥关键作用，以实现包容、可持续和有复原力的未来。

# 本篇参考文献

［1］联合国. 2019 冠状病毒病——联合国全面应对举措, 2020 年 9 月。

［2］联合国. 联合国秘书长可持续发展目标进展报告, 2021 年 7 月。

［3］联合国. 2021 年秘书长关于联合国工作的报告, 2021 年 9 月。

［4］中华人民共和国国务院新闻办公室. 抗击新冠肺炎疫情的中国行动, 2020 年 6 月 7 日。

［5］应对 2019 冠状病毒病——联合国系统信息. https://www.un.org/zh/coronavirus/information-un-system.

［6］供应链和 2019 冠状病毒病纪实报道. https://www.un.org/zh/coronavirus/supply-chain-and-covid-19-un-rushes-move-vital-equipment-frontlines.

［7］世卫组织应对 COVID-19 疫情时间线. https://www.who.int/zh/news/item/29-06-2020-covidtimeline, 2020 年 12 月 15 日。

［8］世卫组织：向非洲运送的新冠疫苗迅速增加. https://news.un.org/zh/story/2021/07/1088762, 2021 年 7 月 29 日。

［9］多边合作应对新冠疫情, 联合国工业发展组织. https://mp.weixin.qq.com/s/gi-xFitoZYl0ZbdLM_ Y00Q, 2020 年 4 月 29 日。

［10］习近平在第 73 届世界卫生大会视频会议开幕式上的致辞（全文）. http://www.xinhuanet.com/politics/leaders/2020-05/18/c_ 1126001593.htm, 2020 年 5 月 18 日。

［11］习近平在全球健康峰会上的讲话（全文）. http://www.xinhuanet.com/2021-05/21/c_ 1127476371.htm, 2021 年 5 月 21 日。

［12］中国科兴公司与联合国儿基会签署协议提供 2 亿剂新冠疫苗. https://news.un.org/zh/story/2021/07/1088642, 2021 年 7 月 27 日。

［13］海关总署：去年 3 月至年底验放出口主要防疫物资价值 4385 亿元. http://www.chinanews.com/cj/2021/01-14/9386852.shtml, 2021 年 1 月 14 日。

［14］中国首批供应 COVAX 疫苗运抵巴基斯坦和孟加拉国. http://www.

xinhuanet.com/world/2021-08/12/c_ 1127754447.htm，2021 年 8 月 12 日。

［15］中国国药和科兴新冠疫苗进入"新冠肺炎疫苗实施计划"疫苗库.http://www. xinhuanet. com/world/2021-07/12/c_ 1127648130.htm，2020 年 7 月 12 日。

［16］探访埃及本土化生产中国新冠疫苗工厂. http://www.news.cn/mrdx/2021-09/09/c_ 1310177714.htm，2021 年 9 月 9 日。

［17］The impact of COVID-19 on manufacturing investments，UNIDO，August 2020，https://iap. unido. org/articles/impact-covid-19-manufacturing-investments?_ ga = 2. 181482663. 161957445. 1632368474-1630281039. 1625987218，2020-08-07.

［18］COVAX explained，Gavi-The Vaccine Alliance. https://www. gavi. org/vaccineswork/covax-explained，2020-09-03.

［19］WHO Coronavirus（Covid-19）Dashboard，World Health Organization，https://covid19.who.int.

第七篇

# 国别市场

# 2020年联合国采购及中国医药健康企业
# 参与情况分析

中国医药保健品进出口商会 潘越

2021年7月，联合国项目事务署正式对外发布2020年联合国采购年度统计报告（ASR），对39个联合国机构提交的数据进行了汇总和整理，原文刊登于联合国全球采购网站（http://www.ungm.org/ASR）。在全球新冠肺炎疫情持续蔓延的影响下，2020年联合国采购总额为223亿美元，创造了有史以来的最高纪录。中国是增幅最大的供应国，在中国的总采购额达10.16亿美元，在供应国排名中由2019年的第20位跃升至2020年的第3位，为全球医疗产品可及性的提升作出了卓越贡献。

本文采用联合国系统的共享供应商数据库（http://www.ungm.org，简称UNGM）的采购数据，现对新冠肺炎疫情背景下医药医疗行业的相关采购数据进行梳理与分析。

## 一、联合国采购的整体情况

39家联合国有关机构汇报的采购数据汇总显示，2020年联合国的采购来自215个国家和地区，采购总额为223亿美元，创造了有史以来的最高纪录，其中62%（137亿美元）采购来自发展中国家、经济转型国家和最不发达国家。采购总额与2019年相比增加了24亿美元（12.3%）。2020年采购比例最大的仍是医疗健康领域，采购额达55亿美元，其次是建筑、工程与科学领域，采购额为30亿美元。

同时，在疫情影响下，2020年疫情相关物资与服务采购额达到26亿美元，其中采购最多的机构为WHO。在疫情相关采购中，份额第一和第二的采购类别为医疗设备（6.55 亿美元）和实验室与检测设备（3.84 亿美元），同时这两个类别的采购额增长也是 2020 年采购总额较 2019 年增加的主要原因，占增加总额的 79.1%。

### （一）联合国采购的主要机构

2020 年采购增量位列前三名的分别是 WHO、联合国儿童基金会（UNICEF）、联合国开发计划署（UNDP），采购总额较 2019 年分别增长 8.07 亿美元、6.42 亿美元、4.81 亿美元。受新冠肺炎疫情影响，大部分采购金额投入在医疗设备方面。这三家机构采购增量的主要供应商都有中国，中国在全球抗疫中发挥的重要作用可见一斑。同时，疫情对联合国采购的影响亦是不可忽视的，许多组织在疫情相关方面的采购量普遍增加，而在旅行、会议、建筑等方面，由于疫情造成项目受限或中止，采购量有所下降。

表 1 是 2020 年各联合国机构的采购额、同比及从"发展中国家、经济转型国家和最不发达国家"的采购额占比。

表 1　2020 年联合国机构采购金额一览表

| 机构名称 | 2020 年采购总额（亿美元） | 同比增/降幅（%） | 2020 年来自发展中国家、经济转型国家和最不发达国家的采购份额（%） |
|---|---|---|---|
| 联合国儿童基金会（UNICEF） | 44.68 | 16.8 | 59.6 |
| 联合国世界粮食计划署（WFP） | 39.81 | 9.5 | 75.2 |
| 联合国开发计划署（UNDP） | 25.65 | 23.1 | 65.1 |
| 联合国采购司（UNPD） | 23.31 | −7.2 | 64.0 |
| 世界卫生组织（WHO） | 17.18 | 92.3 | 53.4 |
| 联合国难民署（UNHCR） | 13.83 | 21.5 | 61.0 |
| 联合国项目事务署（UNOPS） | 12.72 | 16.1 | 60.7 |
| 泛美卫生组织（PAHO） | 11.51 | 14.3 | 40.4 |
| 国际移民组织（IOM） | 7.77 | −19.0 | 76.5 |
| 联合国人口活动基金会（UNFPA） | 4.73 | 17.1 | 44.1 |
| 联合国粮食及农业组织（FAO） | 4.58 | 17.9 | 74.0 |

| 机构名称 | 2020 年采购总额（亿美元） | 同比增/降幅（%） | 2020 年来自发展中国家、经济转型国家和最不发达国家的采购份额（%） |
|---|---|---|---|
| 联合国近东巴勒斯坦难民救济和工程处（UNRWA） | 2.26 | -14.6 | 85.1 |
| 国际劳工组织（ILO） | 2.20 | -16.3 | 63.1 |
| 国际原子能机构（IAEA） | 1.92 | 2.5 | 8.5 |
| 联合国工业发展组织（UNIDO） | 1.55 | 2.2 | 55.7 |
| 联合国日内瓦办事处（UNOG） | 1.41 | -5.3 | 1.0 |
| 联合国妇女署（UN Women） | 1.34 | -7.8 | 62.8 |
| 世界知识产权组织（WIPO） | 1.31 | 4.5 | 9.3 |
| 联合国教育、科学及文化组织（UNESCO） | 1.19 | -3.1 | 52.2 |
| 联合国维也纳办事处（UNOV） | 0.89 | -24.6 | 72.4 |
| 联合国内罗毕办事处（UNON） | 0.62 | -2.6 | 75.5 |
| 国际农业发展基金会（IFAD） | 0.54 | 0.9 | 16.5 |
| 联合国艾滋病规划署（UNAIDS） | 0.36 | 13.3 | 53.6 |
| 禁止化学武器组织（OPCW） | 0.25 | 9.8 | 2.1 |
| 联合国国际贸易中心（ITC） | 0.21 | -23.5 | 44.5 |
| 国际海事组织（IMO） | 0.19 | -9.5 | 13.2 |
| 国际电信联盟（ITU） | 0.19 | -61.1 | 4.3 |
| 联合国非洲经济委员会（UNECA） | 0.17 | -27.1 | 53.3 |
| 联合国国际刑事法庭余留机制、原联合国前南斯拉夫问题国际刑事法庭（UN-ICTY/MICT） | 0.16 | -20.5 | 15.4 |
| 联合国亚洲及太平洋经济社会委员会（ESCAP） | 0.13 | -38.9 | 71.9 |
| 联合国气候变化框架公约（UNFCCC） | 0.13 | -41.8 | 2.9 |
| 世界气象组织（WMO） | 0.13 | -18.6 | 2.5 |
| 万国邮政联盟（UPU） | 0.12 | -14.6 | 16.8 |
| 联合国大学（UNU） | 0.10 | -6.6 | 13.9 |

| 机构名称 | 2020 年采购总额（亿美元） | 同比增/降幅（%） | 2020 年来自发展中国家、经济转型国家和最不发达国家的采购份额（%） |
|---|---|---|---|
| 联合国拉丁美洲和加勒比经济委员会（ECLAC） | 0.09 | −24.1 | 70.6 |
| 国际志愿者组织（UNV） | 0.09 | 26.6 | 3.0 |
| 联合国西亚经济社会委员会（ESCWA） | 0.06 | −28.0 | 73.8 |
| 联合国世界旅游组织（UNWTO） | 0.02 | −35.6 | 0.2 |
| UNARKT | 0.01 | −42.6 | 66.6 |
| 联合国各机构总额 | 223.38 | 12.3 | 61.5 |

### （二）联合国采购主要类别

从采购金额来看，2020 年前十大采购类别见表 2。采购额最高的仍是"药品、避孕药具和疫苗"，采购金额为 30 亿美元，较 2019 年减少了 2.04 亿美元（降幅 6.3%）。采购减少的主要原因是免疫调节药物（疫苗）减少了 2.27 亿美元，但它仍占据"药品、避孕药具和疫苗"类别采购额的 73%，位列第一。兽医相关产品药品、避孕药具和疫苗的采购额为 1700 万美元，儿童基金会是采购最多的组织，占联合国总采购的 51.3%；"医疗设备"采购额达 22.26 亿美元，同比增加 200.7%，跃升至总采购额第三名，伴随新冠肺炎疫情不断蔓延，世界各国对医疗设备的需求亦不断上升；而医疗健康领域的另一分支——"医疗服务"类别采购额为 1.5 亿美元。

**表 2 2020 年前十大采购类别**

| 采购类别（按 UNSPSC 区分标准） | 2020 年采购总额（亿美元） | 同比增/降幅（%） | 2020 年来自发展中国家、经济转型国家和最不发达国家的采购份额（%） |
|---|---|---|---|
| 药品、避孕药剂、疫苗 | 30.36 | −6.3 | 37.1 |
| 运输、仓储、邮寄服务 | 27.17 | 2.4 | 68.0 |
| 医疗设备 | 22.26 | 200.7 | 62.1 |

| 采购类别<br>（按 UNSPSC 区分标准） | 2020 年采购总额<br>（亿美元） | 同比增/降幅<br>（%） | 2020 年来自发展中国家、<br>经济转型国家和最不发达<br>国家的采购份额（%） |
|---|---|---|---|
| 食品与饮品 | 21.75 | 5.0 | 81.3 |
| 管理服务 | 20.91 | 17.3 | 63.5 |
| 工程与调查服务 | 13.28 | 22.2 | 44.7 |
| 建造与维修服务 | 12.90 | −5.8 | 73.5 |
| 信息技术与通信设备 | 6.66 | 44.5 | 26.3 |
| 实验室与检测设备 | 6.37 | 235.4 | 49.9 |
| 金融与保险服务 | 6.36 | 13.9 | 54.0 |
| 前 10 名总额 | 168.01 | | |
| 联合国各机构总额 | 223.39 | | |

## （三）联合国采购主要供应国

2020 年，世界 215 个国家和地区的供应商为联合国采购提供了商品和服务。与 2019 年相比，所有地区的采购量都有所增长。采购量按照大洲递减依次为亚洲、欧洲、非洲、北美洲、拉丁美洲和加勒比地区及大洋洲。

从表 3 可以看出，采购额排名前十的国家分别为美国、丹麦、中国、印度、阿联酋、法国、瑞士、比利时、也门和肯尼亚。上述国家供应了共 92 亿美元的采购，占联合国总采购额的 41.4%。除中国外，排名前十的国别与上一年相同，但是国家排序发生了重大变化，中国从 2019 年的第 20 位升至 2020 年的第 3 位。中国是采购额增幅最大的供应国。中国的采购额从 2019 年的 2.46 亿美元增至 2020 年的 10.16 亿美元，增长了 4 倍多。中国是最大的医疗设备供应国，在该领域的采购总额为 6.72 亿美元（较前一年增加 6.22 亿美元）。在中国采购最多的机构是联合国儿童基金会（增加 3.71 亿美元），其次是 WHO（增加 2.41 亿美元）和联合国开发计划署（增加 7500 万美元）。

表3　2020年联合国采购前十大供应国

| 供应国 | 2020年采购物资（亿美元） | 2020年采购服务（亿美元） | 2020年采购总额（亿美元） | 占2020年总采购额比例（%） | 同比增/降幅（%） |
|---|---|---|---|---|---|
| 美国 | 9.16 | 10.13 | 19.29 | 8.6 | 10.9 |
| 丹麦 | 5.56 | 5.33 | 10.88 | 4.9 | 72.6 |
| 中国 | 8.80 | 1.36 | 10.16 | 4.5 | 312.5 |
| 印度 | 7.56 | 1.91 | 9.47 | 4.2 | −14.8 |
| 阿联酋 | 5.97 | 1.93 | 7.91 | 3.5 | −5.9 |
| 法国 | 5.64 | 1.85 | 7.48 | 3.4 | 9.2 |
| 瑞典 | 1.66 | 5.75 | 7.41 | 3.3 | 2.3 |
| 比利时 | 6.25 | 0.80 | 7.05 | 3.2 | −0.5 |
| 也门 | 1.51 | 5.26 | 6.78 | 3.0 | −22.2 |
| 肯尼亚 | 2.52 | 3.45 | 5.97 | 2.7 | 2.6 |
| 前10名总额 | 54.64 | 377.78 | 92.42 | 41.4 | 13.5 |
| 联合国各机构总额 | 117.38 | 106.00 | 223.38 | | 12.3 |

## 二、联合国应对疫情采购份额

据2020年ASR数据显示，疫情相关物资及服务总采购额达26亿美元，其中38个联合国组织机构的采购额为21亿美元，占这些机构总采购额的11.5%。

### （一）联合国各机构疫情相关采购情况

据ASR数据统计，与2019年相比，38家机构中有15家采购总量增加。但如果除去应对新冠肺炎病毒的采购份额，只有9家机构的采购总量增加。由此可见，为积极应对疫情蔓延，联合国各组织在疫情发生后调整了其采购方案，将现有项目的资金重新进行了规划。

WHO 是最大的疫情相关采购方，疫情相关采购额为 7.5 亿美元，占 WHO 该年采购总额的 43.7%，其中包括 3.08 亿美元的医疗设备，2.21 亿美元的实验室和检测设备；排名第二的是联合国开发计划署，最大的疫情相关采购类别是信息技术和通信设备（总额 1.33 亿美元），联合国开发计划署还采购了价值 1.05 亿美元的医疗设备，包括 3500 万美元的医疗设施产品和 3500 万美元的医疗服装和纺织品；位列第三的是联合国项目事务署（UNOPS），疫情相关采购额为 2.22 亿美元，该组织采购了价值 7900 万美元的医疗设备，包括价值 2800 万美元的氧气治疗相关设备。疫情相关采购的前十大组织排名见表 4。

表4  2020 年前十大疫情相关采购组织

| 机构名称 | 2020 年疫情相关采购额（亿美元） | 2020 年采购总额（亿美元） | 疫情相关采购占采购总额比例（%） | 2020 年疫情相关采购总额（亿美元） | 不含疫情采购的同比增/降幅（%） | 含疫情采购的同比增/降幅（%） |
|---|---|---|---|---|---|---|
| 世卫组织 | 7.50 | 17.18 | 43.7 | 9.68 | 8.3 | 92.3 |
| 联合国开发计划署 | 4.97 | 25.65 | 19.4 | 20.69 | -0.7 | 23.1 |
| 联合国项目事务署 | 2.22 | 12.72 | 17.5 | 10.50 | -4.2 | 16.1 |
| 联合国难民署 | 1.87 | 13.83 | 13.5 | 11.96 | 5.1 | 21.5 |
| 泛美卫生组织 | 1.62 | 11.51 | 14.1 | 9.88 | -1.8 | 14.3 |
| 联合国人口活动基金 | 0.48 | 4.73 | 10.1 | 4.26 | 5.3 | 17.1 |
| 联合国世界粮食计划署 | 0.40 | 39.81 | 1.0 | 39.41 | 8.4 | 9.5 |
| 国际原子能机构 | 0.38 | 1.92 | 19.6 | 1.54 | -17.6 | 2.5 |
| 国际移民组织 | 0.23 | 7.77 | 3.0 | 7.54 | -21.4 | -19.0 |
| 联合国采购司 | 0.21 | 23.31 | 0.9 | 23.10 | -8.0 | -7.2 |
| 前 10 名机构疫情相关采购 | 19.87 | 158.43 | 12.5 | 138.55 | -0.4 | 13.8 |
| 其他组织疫情相关采购 | 0.64 | 20.27 | 3.2 | 19.63 | -8.8 | -5.9 |
| 所有机构疫情相关采购 | 20.51 | 178.70 | 11.5 | 158.19 | -1.6 | 11.2 |
| 联合国儿童基金会 | | 44.68 | | | | 16.8 |
| 联合国各机构总额 | | 223.38 | | | | 12.3 |

## （二）联合国疫情相关采购类别

在 2020 年全球抗疫进程中，医疗设备是与疫情相关的最大采购类别（见表 5），31 个机构贡献了 6.55 亿美元采购额，占联合国 38 个机构在疫情相关该领域总支出 11.43 亿美元的 60.4%。在可查询的采购数据中，采购患者检查和监测产品、医疗服装和纺织品（包括外科口罩、手套和手术服等物品）、医疗设施产品（包括病床和临床家具）分别占比 29.3%、25.8%、17.1%。2020 年，联合国儿童基金会在医疗设备领域的总支出为 11 亿美元，比 2019 年高出 6.7 亿美元，比 2015 年至 2019 年该领域的平均支出（4.14 亿美元）高出约 7.3 亿美元。这一增长大部分受疫情影响，采购个人防护设备支出 4.7 亿美元，采购新冠疫情检测的分子诊断设备支出 6800 万美元，氧气供应设备支出 1600 万美元。

实验室与检测设备是疫情相关的第二大采购类别，采购金额为 3.84 亿美元，占联合国 38 个机构在该领域总支出 6.12 亿美元的 62.7%。WHO 采购了价值 2.21 亿美元的物资，包括价值 4200 万美元的快速检测试剂盒。泛美卫生组织在该领域采购了 9500 万美元，包括价值 6400 万美元的用于临床和诊断分析仪的试剂和价值 2800 万美元的快速检测试剂盒。

表5 2020 年疫情相关采购前十大类别

| 类别<br>（按 UNSPSC 分类标准） | 报告疫情相关采购的机构 | | | 联合国儿童基金会 |
|---|---|---|---|---|
| | 疫情相关采购额<br>（亿美元） | 2020 年总采购额<br>（亿美元） | 疫情采购占总采购额的比例（%） | 2020 年总采购额（亿美元） |
| 医疗设备 | 6.55 | 10.84 | 60.4 | 11.43 |
| 实验室与检测设备 | 3.84 | 6.12 | 62.7 | 0.25 |
| 信息技术与通信设备 | 1.67 | 6.55 | 25.5 | 0.12 |
| 管理服务 | 1.27 | 17.75 | 7.2 | 3.15 |
| 运输、仓储、邮寄服务 | 1.19 | 24.86 | 4.8 | 2.31 |
| 工程和调查服务 | 0.78 | 11.73 | 6.7 | 1.55 |
| 土地、建筑与结构 | 0.54 | 2.14 | 25.2 | 0.00 |

续 表

| 类别<br>（按 UNSPSC 分类标准） | 报告疫情相关采购的机构 | | | 联合国儿童基金会 |
|---|---|---|---|---|
| | 疫情相关采购额<br>（亿美元） | 2020 年总采购额<br>（亿美元） | 疫情采购占总采购额的比例（%） | 2020 年总采购额（亿美元） |
| 建造与维修服务 | 0.51 | 10.65 | 4.8 | 2.25 |
| 汽车及零件 | 0.43 | 3.58 | 12.0 | 0.32 |
| 安保设备 | 0.40 | 1.23 | 32.6 | 0.00 |
| 前 10 名采购总额 | 17.17 | 95.43 | 18.0 | 21.39 |
| 联合国各机构总额 | 20.51 | 178.70 | 11.5 | 44.68 |

## （三）联合国疫情相关采购供应国

在全球抗疫过程中，世界各国、联合国机构之间互相分享信息，并采取了一系列防控和救治举措，每个国家都交出了一份自己的答卷，也有许多国家在联合国采购的疫情相关方面发挥了举足轻重的作用。表 6 为 2020 年疫情相关采购的前十大供应国。

表 6　2020 年疫情相关采购的前十大供应国

| 供应国 | 报告疫情相关采购的机构 | | | 联合国儿童基金会 |
|---|---|---|---|---|
| | 疫情相关采购额<br>（亿美元） | 2020 年总采购额<br>（亿美元） | 疫情采购占总采购额的比例（%） | 2020 年总采购额（亿美元） |
| 中国 | 3.09 | 5.42 | 56.9 | 4.74 |
| 丹麦 | 2.00 | 8.80 | 22.6 | 2.09 |
| 奥地利 | 1.10 | 2.76 | 39.9 | 0.09 |
| 美国 | 0.83 | 14.43 | 5.7 | 4.87 |
| 巴西 | 0.82 | 1.54 | 53.4 | 0.12 |
| 德国 | 0.82 | 3.15 | 25.9 | 0.78 |
| 黎巴嫩 | 0.64 | 3.25 | 19.5 | 0.73 |
| 瑞典 | 0.55 | 6.94 | 8.0 | 0.47 |
| 荷兰 | 0.49 | 4.59 | 10.6 | 1.22 |
| 阿根廷 | 0.46 | 0.89 | 51.9 | 0.08 |

| 供应国 | 报告疫情相关采购的机构 | | | 联合国儿童基金会 |
| --- | --- | --- | --- | --- |
| | 疫情相关采购额（亿美元） | 2020 年总采购额（亿美元） | 疫情采购占总采购额的比例（%） | 2020 年总采购额（亿美元） |
| 前 10 名总额 | 10.78 | 51.77 | 20.8 | 15.17 |
| 联合国各机构总额 | 20.51 | 178.70 | 11.5 | 44.68 |

由表 6 可得，中国在疫情相关采购中的供给首屈一指，联合国从中国采购的疫情相关产品及服务总额达 3.08 亿美元，其中 2.15 亿美元为医疗设备采购；位列第二的是丹麦，采购额为 1.99 亿美元，其中信息技术和通信设备采购额为 1.3 亿美元；紧随其后的是奥地利，贡献了 1.1 亿美元采购额，主要用于医疗设备（6600 万美元）和实验室与检测设备（2700 万美元）；而美国为疫情采购提供了 8300 万美元的产品和服务。

中国的大量供应使发展中国家疫情相关采购金额达到 10 亿美元，占疫情采购总额的 48.8%。中国、巴西、黎巴嫩、阿根廷四个发展中国家跃居疫情相关产品供应国前十。从目前情况看，发展中国家的抗疫表现甚至超过发达国家，很多发展中国家守望相助、团结协作、互相声援支持，有助于共同维护多边制度、共建人类命运共同体。

## 三、联合国采购中医疗健康领域份额与中国企业参与情况

医疗健康领域一直是联合国系统采购量最大的部分，2020 年新冠肺炎疫情的大肆传播使该领域采购量创下新高，采购额达 55 亿元，是采购总额的近四分之一，其中"药品、避孕药剂、疫苗""医疗设备""医疗服务"分别占比 13.5%、9.9%、0.7%。医疗健康领域采购额与 2019 年相比增长了 11 亿美元，增幅为 25.5%，尤其是医疗设备（不包括兽医产品）采购额增长了 15 亿美元，是 2019 年的 3 倍。

## （一）"药品、避孕药剂、疫苗"类

2020 年，"药品、避孕药剂、疫苗"类别的采购总额为 30 亿美元。在所有采购机构中，采购此类别最多的机构分别为联合国儿童基金会、泛美卫生组织、人口活动基金会和 WHO，采购额分别为 15.6 亿美元、7.3 亿美元、1.9 亿美元和 1.8 亿美元；从供应国来看，名列前茅的是印度，采购额达 6.2 亿美元，紧随其后的是美国、比利时、法国和荷兰；从供应商角度来看（2020 年统计），中国尚无进入全球"药品、避孕药剂、疫苗"前 10 名的供应商，在此领域中国的最大供应商是中国科兴，采购额为 1130 万美元，较位列第一的比利时供应商 GLAXOSMITHKLINE BIOLOGICALS SA 相差近 24 倍。表 7 为该领域全球前十大供应商。

表 7  2020 年"药品、 避孕药剂、 疫苗"类全球前 10 大供应商

| 供应商国别 | 供应商名称 | 采购金额（亿美元） |
|---|---|---|
| 比利时 | GLAXOSMITHKLINE BIOLOGICALSSA | 2.90 |
| 美国 | PFIZER INC | 2.50 |
| 印度 | SERUM INSTITUTE OF INDIA LTD | 2.10 |
| 法国 | SANOFI PASTEUR | 1.70 |
| 印度 | BHARAT BIOTECH INTERNATIONAL LTD | 0.83 |
| 印度 | SANOFI HEALTHCARE INDIA LIMITED | 0.74 |
| 新加坡 | BE VACCINES PTE LTD | 0.67 |
| 美国 | MERCK & CO INC | 0.65 |
| 德国 | BAYER AG | 0.52 |
| 俄罗斯 | FSBSI CHUMAKOV FSC R&D IBP | 0.45 |

## （二）"医疗设备"类

医疗设备采购总额为 22 亿美元，是 2020 年联合国采购中增长突飞猛进的板块。在对该领域的供应中，中国、荷兰、德国名列三甲，中国供应额达

到 6.7 亿美元。主要采购机构分别为联合国儿童基金会、WHO、联合国开发计划署和联合国项目事务署，采购金额分别为 10.8 亿美元、3.7 亿美元、2.2亿美元和 1.7 亿美元。由表 8 可得，中国的突出贡献同样可以在供应商排名中体现，有 6 家企业跻身行列中，前 4 名均为中国企业，较 2019 年 2 家中国企业入围的情况有了大幅提升。

表8 2020 年"医疗设备"类全球前十大供应商

| 供应商国别 | 供应商名称 | 类别 | 采购金额（百万美元） |
| --- | --- | --- | --- |
| 中国 | 武汉协卓联合贸易有限公司 | 医疗设备 | 150.00 |
| 中国 | 中国医药健康产业股份有限公司 | 医疗设备 | 120.00 |
| 中国 | 青岛州悦国际贸易有限公司 | 医疗设备 | 54.55 |
| 中国 | 北京亿家老小科技有限公司 | 医疗设备 | 53.49 |
| 卢森堡 | B MEDICAL SYSTEMS SARL | 医疗设备 | 48.08 |
| 荷兰 | THE MEDICAL EXPORT GROUP BV | 医疗设备 | 43.73 |
| 中国 | 中国医药对外贸易有限公司 | 医疗设备 | 41.83 |
| 奥地利 | AMEX EXPORT IMPORT GMBH | 医疗设备 | 36.16 |
| 奥地利 | AMEX EXPORT-IMPORT GMBH | 医疗设备 | 35.91 |
| 中国 | 中国仪器进出口集团有限公司 | 医疗设备 | 34.32 |

## （三）"医疗服务"类

2020 年度"医疗服务"类采购总额为 1.5 亿美元，其中供应量最大的的国家依次为美国、黎巴嫩和肯尼亚，供应额分别为 6313 万美元、1123 万美元和 674 万美元。在医疗服务方面支出最多的机构分别为泛美卫生组织、联合国采购司、联合国近东巴勒斯坦难民救济和工程处及联合国难民署，其中泛美卫生组织采购额达 5449 万美元。而在供应商排名中，中国企业未能进入前十名，最大和第二大供应商均来自美国。

表 9　2020 年"医疗服务"类全球前十大供应商

| 供应商国别 | 供应商名称 | 类别 | 采购金额（百万美元） |
|---|---|---|---|
| 美国 | AMI EXPEDITIONARY HEALTHCARE, LLC | 医疗服务 | 6.91 |
| 美国 | BANCROFT GLOBAL DEVELOPMENT | 医疗服务 | 4.91 |
| 英国 | IQARUS INTERNATIONAL LIMITED | 医疗服务 | 3.30 |
| 希腊 | IPPOKARTIS GENIKI KLINIKI AE | 医疗服务 | 2.60 |
| 肯尼亚 | KENYA HOSPITAL ASSOCIATION-THENAIROBI | 医疗服务 | 2.38 |
| 孟加拉国 | ENROUTE INTERNATIONAL LIMITED | 医疗服务 | 2.35 |
| 肯尼亚 | AGA KHAN UNIVERSITY-NAIROBI | 医疗服务 | 2.10 |
| 英国 | IQARUS INTERNATIONAL LIMITED | 医疗服务 | 2.01 |
| 叙利亚 | AL-KINDI HOSPITAL-DAMASCUS | 医疗服务 | 1.09 |
| 其他国家 | PATIENT'S FRIEND SOCIETY | 医疗服务 | 1.00 |

在 2020 年联合国采购中，在中国的采购总额为 10.16 亿美元，其中医疗健康领域为 7 亿元。在医疗健康领域的细分市场中，"医疗设备""药品、避孕药剂、疫苗""医疗服务"的采购额分别为 6.7 亿美元、3000 万美元和 6.8 万美元。由此可见，中国企业在医疗器械领域的生产能力和供应能力最强，而可提供的医疗服务相对薄弱。表 10 为联合国采购中，中国在医疗健康各细分领域排名靠前的企业。

表 10　2020 年医疗健康领域中国主要供应商

| 供应商名称 | 类别 | 采购金额（百万美元） |
|---|---|---|
| 科兴控股生物技术有限公司 | 药品、避孕药剂、疫苗 | 11.30 |
| 江苏复星医药销售有限公司 | 药品、避孕药剂、疫苗 | 5.12 |
| 广州双一乳胶制品有限公司 | 药品、避孕药剂、疫苗 | 4.03 |
| 瑞阳制药股份有限公司 | 药品、避孕药剂、疫苗 | 3.59 |
| 桂林紫竹乳胶制品有限公司 | 药品、避孕药剂、疫苗 | 1.85 |
| 成都生物制品研究所有限责任公司 | 药品、避孕药剂、疫苗 | 0.96 |

| 供应商名称 | 类别 | 采购金额<br>（百万美元） |
|---|---|---|
| 北京生物制品研究所 | 药品、避孕药剂、疫苗 | 0.87 |
| 华北制药股份有限公司 | 药品、避孕药剂、疫苗 | 0.73 |
| 匹克国际贸易（天津）有限公司 | 药品、避孕药剂、疫苗 | 0.18 |
| 迈克生物股份有限公司 | 药品、避孕药剂、疫苗 | 0.12 |
| 武汉协卓联合贸易有限公司 | 医疗设备 | 150.00 |
| 中国医药健康产业股份有限公司 | 医疗设备 | 120.00 |
| 青岛州悦国际贸易有限公司 | 医疗设备 | 54.55 |
| 北京亿家老小科技有限公司 | 医疗设备 | 53.49 |
| 中国医药对外贸易有限公司 | 医疗设备 | 41.83 |
| 中国仪器进出口集团有限公司 | 医疗设备 | 34.32 |
| 中国医药保健品有限公司 | 医疗设备 | 33.55 |
| 青岛海尔生物医疗股份有限公司 | 医疗设备 | 17.96 |
| 中红普林医疗用品股份有限公司 | 医疗设备 | 16.00 |
| 康潇服装有限公司 | 医疗设备 | 15.68 |
| 军事医学科学院 | 医疗服务 | 0.04 |

## 四、结语

2020 年联合国机构的采购总额达到 223.38 亿美元，医疗健康领域的采购额仍占最大比重，总支出为 55 亿美元，占比 1/4。其中"药品、避孕药具和疫苗"依旧独占鳌头，采购额达 30 亿美元，而"医疗设备"由于疫情应急需求，采购额骤增到上一年的 3 倍，达到 22 亿美元。医疗健康领域在联合国采购中的重要作用不言而喻。

受到全球疫情冲击，联合国采购结构与往年不同的是，与疫情相关采购额达 26 亿美元。与疫情相关领域采购关联较多的组织有 WHO、联合国项目事务署、联合国儿童基金会等。而作为世界上最大的发展中国家和安理会常任理事国，中国一直是联合国事业的坚定支持者，在抗击全球疫情中发挥着不可或缺的作用，2020 年在中国的采购总额为 10.16 亿美元，其中疫情相关供给产品采购额达 3.08 亿美元，占采购总额的 1/3，疫情相关采购中近七成为医疗设备类产品。疫情期间，中国医疗健康企业持续向海外输出抗疫物资，助力提升全球医疗卫生产品可及性。同时，从产业发展角度来看，中国供应商积极参与联合国采购也是中国应急与医药产品走向国际市场的契机。多年来，中国医药保健品进出口商会携手有关机构持续组织国际公立市场采购对接会及 WHO 预认证等技术培训，助力中国医药医疗产品通过参与国际采购的形式走出去。后疫情时代，经济复苏成为各国共同期盼，中国呼吁各国树立创新、协调、绿色、开放、共享的新发展理念，推动疫情后世界经济"绿色复苏"。中国市场的持续开放及在推动全球经济复苏中的成绩不断显现，医疗健康产业亦能应势而为，在政策调整和资本支持下迎接多元化医药创新发展，推动形成国内大环境为主体，国内国际双循环相互促进的新发展格局。

# 新冠肺炎疫情时期中非医药合作现状、展望与建议

中国医药保健品进出口商会　张小会　何春红

近年来，随着中国与非洲各领域合作稳步推进，中非医药合作逐渐成为中非合作的热点之一，非洲市场也成为中国医药企业开展国际化经营的重点区域之一。突如其来的新冠肺炎疫情使得中非医药合作短期内遇到不少困难，但进一步凸显了医药合作的重要性，中长期仍看好。医药企业作为中非医药合作的主力军，制定合适的市场战略，化"危"为"机"，推动中非医药合作实现更好发展。

## 一、合作现状：援助先导，贸易主导，投资引导

### （一）对非医药卫生援助发挥了先导作用

中国医药产品正是借着对非援助逐步走进非洲市场的，并凭借物美价廉的品质逐步为非洲普通民众所认可，品牌形象也逐步建立。

一是为非洲普通民众接触中国医药产品提供了最直接渠道。中非医药合作可追溯至 1963 年首支援非医疗小组。公开信息统计，中国目前援非医疗人员遍布非洲 50 多个国家和地区，救治了约 2.7 亿名非洲患者。以青蒿素为代表的不少优质中国医药产品正是通过援非医疗队，为救治众多非洲病患发挥了重要作用，也为当地民众所熟知。

二是给中非医药合作树立了"授人以鱼不如授人以渔"的品牌形象。公开数据显示，中国对非已援建近 30 所医院和 30 个疟疾防治中心，提供了 8 亿元人民币的医疗设备物资和抗疟药品，培训医护人员超过 3000 名，实施"非洲人才计划"，派遣 500 名妇幼专家，帮助非洲国家降低孕产妇死亡率、婴幼

儿死亡率等。中非医药合作为提升非洲国家自身公共卫生能力发挥了重要作用。

三是给中非医药合作造福非洲民众提供了更多机遇。为帮助西非国家抗击埃博拉病毒，中国于 2014 年向疫区提供了总额为 7.5 亿元人民币的援助，向疫区国派出医疗人员和专家累计超过 1000 人次，并在塞拉利昂和利比里亚分别援建了生物安全实验室和治疗中心，为抗击埃博拉病毒发挥了重要作用。自新冠肺炎疫情发生以来，中国政府已向 53 个建交国及非盟提供多批抗疫物资援助，派出 5 个医疗专家组，常驻非洲的 46 支医疗队也积极支持当地抗疫工作，为非方来华商业采购医疗物资提供便利，积极落实 G20（20 国集团）缓债倡议等。此外，中国在非企业积极履行社会责任，踊跃为非洲国家捐赠抗疫物资及钱款等。

### （二）中非医药贸易发挥了主导作用

相对来说，中非医药贸易参与难度低、见效快，涉及参与企业数量最多，在当前及今后相当长的一段时期内仍将占据主导地位。

一是医药贸易在双边贸易中的重要性进一步凸显。据统计，2019 年中非医药贸易额由 2010 年的 13.1 亿美元增至 29.31 亿美元，同比增长 20.17%，十年间增长了一倍多，远高于同期中非贸易 2.21% 的增长率。根据最新统计，2020 年 1—6 月，在中非贸易整体下滑情况下，中非医药贸易额实现逆势增长，达到 16.02 亿美元，同比增长 13.99%（见图 1）。

二是医药贸易已成为中国与非洲主要国家经贸合作的重要组成部分。多年来，埃及、南非、尼日利亚、肯尼亚、阿尔及利亚、坦桑尼亚等非洲主要国家一直是中国在非的主要医药贸易伙伴国，年进出口总额均超过 1 亿美元，且成为其进口药品的主要来源国之一（见图 2）。

三是医药贸易是参与企业数量最多的合作领域。相比对非医药援助和投资的企业，参与医药贸易的企业数量最多。据统计，从事对非医药贸易的企业由 2010 年的 5000 多家增加至 2019 年的 1 万多家；2020 年上半年企业数增至近 8000 家，同比增长 10.7%，完成出口额约 16 亿美元，同比增加 14.34%。

图1 2010—2019年中非医药贸易额

资料来源：中国医保商会根据中国海关数据统计。

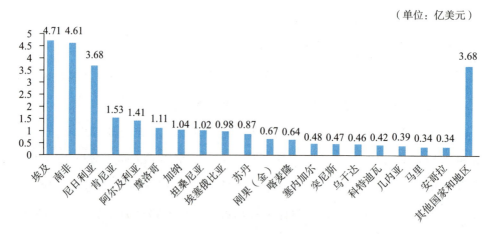

图2 2019年非洲前20大医药贸易伙伴国及与其贸易额

资料来源：中国医保商会根据中国海关数据统计。

## （三）对非医药投资发挥了引导作用

对非医药投资更多体现了非洲市场的主要需求，以及非洲国家发展本国医药产业的意愿，是未来中非医药合作的期待方向。

一是紧贴非洲市场产品需求。众所周知，非洲疾病高发，缺医少药，中国医药企业在非投资更多集中在抗疟药品等需求量较大的产品领域。例如，复星医药、昆药集团等积极在非洲建设销售网点，设立子公司或办事处，旗

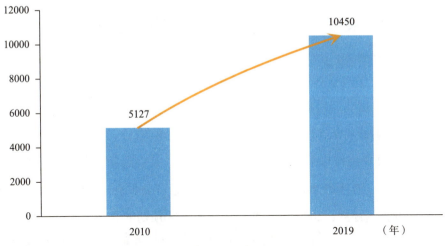

图3 从事对非医药贸易企业数量（家）

资料来源：中国医保商会根据中国海关数据统计。

下青蒿素类抗疟药品已成为非洲抗疟的明星产品。

二是与非洲国家发展本国医药产业的意愿相结合。在非洲开展药品本地化生产，既是中国医药企业国际化经营的选择之一，也是非洲国家发展本国医药工业的意愿，二者的有机结合不仅给当地带来了就业及税收，也降低了民众用药负担。例如，人福非洲药业股份有限公司用工本地化率达90%以上，并使当地药价下降了30%；上海医药在苏丹投资的医药公司，生产的抗生素类药品以及青蒿素类系列抗疟产品不仅在当地销售情况良好，且已出口至非洲其他国家。

三是与传染病防控相关的合作成为热点。非洲是传染病高发区域，与传染病防控相关的合作成为当下及今后一段时期的合作热点。例如，中国华大集团于2020年9月在埃塞俄比亚投产新冠肺炎病毒核酸检测试剂盒生产厂，设计年产能为600万至800万人份，填补了该国无法生产试剂盒的空白；旗下的华大基因也于2020年9月与安哥拉政府合作建成5座"火眼"新冠病毒检测实验室，日检测3000份样本，提升了安哥拉的病毒检测能力。从事对非医药贸易企业数量见图3。

## 二、合作展望：短期遇到困难，中长期仍看好

自 2020 年 2 月埃及报告首例确诊新冠肺炎病例后，疫情逐步扩散至非洲 54 个国家。根据非洲疾病预防控制中心（ACDC）统计，截至 2020 年 11 月 19 日，非洲确诊病例突破 200 万，死亡病例超 4.8 万。

受新冠肺炎疫情影响，非洲外来投资减少，大宗商品出口受挫，财政赤字扩大，医疗卫生系统面临考验。联合国非洲经济委员会（UNECA）2020 年 3 月发布的报告预测，2020 年非洲经济增速将从预期的 3.2% 降至 1.8%；另据国际货币基金组织（IMF）预测，撒哈拉以南非洲地区 2021 年经济萎缩 3%。疫情带来的负面效应叠加非洲国家政策波动大、营商环境欠优、产业配套薄弱以及市场购买力低等不利因素，中非医药合作面临新的挑战。

目前，中非医药合作不同程度地遇到了人员往来受限、物流运输不畅、债务违约风险增大、投资延缓以及在营项目限工限产等困难。然而，综合分析政策、市场两个层面，中非医药合作的基本面利好仍未改变，中长期仍看好。

### （一）政策层面：政策红利将持续释放

从非洲国家层面看，非洲国家越来越重视本国医药工业发展。据非盟统计，科特迪瓦、埃塞俄比亚、加纳、肯尼亚、摩洛哥、南非等国均明确把医药行业列入国家中长期发展规划，予以重点支持。

从区域合作层面看，作为非洲区域一体化走在前列的区域组织，南部非洲发展共同体（SADC）、东非共同体（EAC）、东南部非洲共同市场（COMESA）和西非国家经济共同体（ECOWAS）均把制药业列入本区域发展规划，在政策、资金等方面给予支持。在《2063 年议程》框架下，非盟鼓励成员国加强协作，在加大在卫生健康领域的财政支出的同时，采取措施鼓励私人投资该领域。此外，于 2019 年正式实施的非洲大陆自由贸易区可在资金投入、政策协调、统一市场建设等方面为非洲国家本土医药工业

发展提供助力。

从国际合作层面看，WHO、联合国工发组织、联合国艾滋病规划署、联合国儿童基金会、全球基金等国际机构，均把药品生产列入各自支持非洲发展的计划或项目中。需要特别指出的是，自 2000 年成立的中非合作论坛机制，一直是中非医药合作的主要推动力量，在政策支持、资金配套、人力资源和项目对接上发挥了主导作用。其中，约翰内斯堡峰会、北京峰会上宣布的医药领域后续举措将继续发力；2021 年将召开新一届合作论坛，有望给中非医药合作加码更多优惠政策。

### （二）市场层面：非洲医药市场基本盘仍较稳固

一是非洲经济有望迎来复苏，托底非洲医药市场。国际货币基金组织（IMF）近日发布的《撒哈拉以南非洲地区经济展望》报告显示，2021 年该地区经济增速有望回升至 3.1% 左右，2022—2024 年恢复至疫情前水平。

二是非洲医药需求基本面短期内不会有较大改变。受限于非洲本土制药产业发展水平，非洲药品仍将依赖进口。据联合国艾滋病规划署的统计，非洲有 97% 的药品来自非洲之外的地区，仅有 3% 的药物是本土生产。

三是非洲医药市场规模中短期有望进一步扩容。根据麦肯锡疫情前的研究数据，非洲制药市场规模 2020 年将升至 650 亿美元。医药产品作为抗击疫情的刚需产品，其需求中短期将放大。根据联合国非洲经济委员会发布的报告，非洲国家因抗击疫情需要，医疗支出将增加 106 亿美元。此外，国际社会对非抗疫援助，在一定程度上带动了对非公立采购市场的增容，涉及个人防护、诊断试剂等产品。例如，全球基金作为国际医药公立市场主要买家，曾紧急采购超过 1800 万个核酸检测试剂套件，无偿分发给非洲和其他地区的中低收入国家。按照全球基金计划，其在一年内购买诊断试剂的预算为 19 亿美元。2020 年 9 月底，WHO 和全球基金等机构共同宣布，再向包括非洲国家在内的中低收入国家提供 1.2 亿个抗原快诊试剂。其中，全球基金将提供 5000 万美元的初始资金用于购买 1000 万个抗原快诊试剂。

四是市场主体合作动力进一步增强。受疫情影响，非洲国家发展本国医药产业的意愿进一步增强，有望加速推动出台更多利好政策。此外，与防控疫情相关产业也受到市场青睐，相关合作投资需求也将逐步释放。

## 三、合作建议：合适的市场战略是关键

在新冠肺炎疫情时期，医药企业作为中非医药合作的主力军，如何规避疫情负面影响，把握发展机遇，化"危"为"机"，实现中非医药合作更好的发展，制定合适的市场战略是关键。

### （一）政策层面：战略布局紧跟政策利好

中非医药合作起步晚、基础弱，对政策敏感度高。习近平主席在2020年5月召开的第73届世界卫生大会上宣布，中国将建立30个中非对口医院合作机制，加快建设非洲疾控中心总部，助力非洲提升疾病防控能力；在6月召开的中非团结抗疫特别峰会上表示，将加快落实中非合作论坛北京峰会成果，并将合作重点向健康卫生等领域倾斜。把握中非共克时艰、建设中非卫生健康共同体的政策大趋势，充分发挥利好政策对具体合资合作项目的指引作用，具有重要意义。

### （二）产品策略：紧贴非洲市场需求并适当前瞻

截至目前，非洲感染人数占比及死亡率较其他国家和地区仍属低水平，新冠肺炎确诊和死亡病例占全球总数比例均不到4%。外界观察认为目前非洲疫情总体已进入平稳期。然而，非洲医疗基础设施薄弱，加之检测能力不足、防控不到位等因素，不排除疫情恶化的可能。根据非洲疾控中心最新观察，非洲国家疫情在经历9月回落并趋于稳定后，部分国家出现上升势头。可以预见，为防范疫情扩大，与疫情防控相关的个人防护用品、检测试剂、消杀等产品在一段时期内仍将走俏。同时，非洲国家也十分关注新冠疫苗的研发，具备价格低廉、方便存储、易于运输和接种使用的疫苗产品市场前景十分广阔，有关方面可提前做好布局。此外，根据世界银行的数据，非洲超过90%

的医疗器械产品依赖进口，医疗设备和一次性耗材相当短缺，可结合具体区域和国别实际配套情况，选择准入门槛低、技术含量适中和市场需求较大的产品，开展投资合作。

### （三）市场选择：主要国别市场仍须深耕细作

非洲国家众多，政策法规多样，市场割裂明显，需要发挥重点国别的区位优势和辐射作用。总体看，尼日利亚、阿尔及利亚、埃及、肯尼亚、乌干达、南非等国在政策环境、人口规模、工业水平、市场容量、营商环境、区位优势、准入限制及合作意愿（特别是疫情防控）等方面具有一定基础和优势，可在品牌建设、渠道营销、社会责任等方面深耕细作，发挥引导示范作用。

### （四）拥抱创新：用创新解决合作中的难点

2019 年，召开的首届中非经贸博览会在政策交流、项目洽谈、成果展示和机制建设等方面成果丰硕，给包括医药合作在内的中非各领域合作创新打下了坚实基础。2020 年 9 月，湖南自贸试验区开始正式建设中非经贸深度合作先行区，在中非跨境人民币结算、易货贸易、经贸孵化、供应链金融支持、综合服务以及物流通道等方面进行创新建设。此外，以网上中非经贸博览会、Kilimall 为代表的线上合作平台发展势头良好。综合看，先行区建设可在机制体制、线上平台可在供需对接及物流交通等方面为中非医药合作中遇到的投融资、供需对接、物流准入等难点问题提供新的解决路径。

### （五）资源整合：借力国际组织、金融机构和行业组织等资源

非洲医药市场有其自身的特点，发挥国际组织、行业协会、投融资机构以及细分领域龙头企业的资源整合优势，做到利益共享、风险共担，是深耕非洲医药市场的核心竞争力之一。例如，在开展具体合资合作项目时考虑借助 WHO 等国际组织在适配国际标准方面的便利，以及中非发展基金、丝路基金等投机构的融资支持，利用中国医药保健品进出口商会等行业组织的国际

合作平台、国内外政策协调及产业资源，探讨联手深圳迈瑞、东软医疗、华大基因、上海医药、人福药业等走在对非合作前列的企业，结合我国产业优势及非洲市场需求，开展医院、产业园区等项目科研、运营及其他业务的合作。

# 中国—中东欧医药健康合作现状与未来展望

中国医药保健品进出口商会　对外合作部

自 2012 年中国—中东欧国家合作机制建立以来，中国与中东欧国家在医疗健康领域的合作日渐成为合作的新亮点。为进一步拓展并深化医药健康与疫情防控国际领域合作，2021 年 6 月 9 日，中国—中东欧国家公众健康产业联盟正式成立，联盟秉承开放原则，致力于打造医药、医疗、健康与公共卫生产业务实合作平台，加强中国与中东欧国家在医药产品、创新技术、监管标准、贸易投资和疫情防控等领域的交流与合作，推动公众健康产业跨区域合作高质量发展。

本文对中国—中东欧医药健康合作进行了分析，以帮助双方企业依托产业联盟挖掘更多合作机遇。

## 一、中国—中东欧国家合作机制及医药健康领域整体合作

自 2012 年建立以来，中国—中东欧国家合作机制日益完善，影响力不断扩大，医疗健康领域合作发展迅速，成为新兴合作领域。从发展现状来看，双边医药贸易额增长显著，从 2011 年的 7.7 亿美元增至 2019 年的 28.45 亿美元，成为拉动中国—中东欧贸易增长的重要驱动力量。中国与中东欧国家在医药健康的贸易、投资、临床、中医药等领域的合作方兴未艾，潜力较大，前景广阔。中东欧地区药品和医疗器械市场均未达到饱和，产业需求旺盛。部分中东欧国家拥有欧洲顶尖的生命科学产业、完整的监管体系、良好的基础设施、完善的大学和研究机构网络，尤其在分子遗传学、生物技术领域优势明显。双方在医药创新、联合研发等方面的合作前景广阔。

在医疗卫生体系方面，中东欧国家间差异较大。已入盟国家基本达到或

趋近欧盟水平，在医疗保障体系、三级医疗保健网络、国家健康战略、医疗卫生条件和质量满意度方面相对较好。为落实《中国—中东欧国家合作索非亚纲要》《中国—中东欧国家合作杜布罗夫尼克纲要》有关内容，第四届中国—中东欧国家卫生部长论坛于 2019 年 11 月在保加利亚首都索非亚成功举办。论坛通过了《第四届中国—中东欧国家卫生部长论坛索非亚宣言》。2018年 11 月 15 日—16 日，中国—中东欧药品监管合作论坛在捷克召开，来自捷克、中国、斯洛伐克、克罗地亚、黑山、拉脱维亚、立陶宛、匈牙利、波兰等 9 个国家的药品监管机构负责人参加论坛，就中国—中东欧药品监管交流与国际组织合作、产业交流互通等问题进行了探讨。上述活动和相关文件的出台为未来加强医药健康合作奠定了坚实基础。

## 二、中国—中东欧医药贸易情况

2015—2019 年，中国—中东欧国家医药贸易总额呈现逐年上升趋势，从2015 年的 16.74 亿美元增至 2019 年的 28.45 亿美元（见图 1、图 2）。

（单位：百万美元）

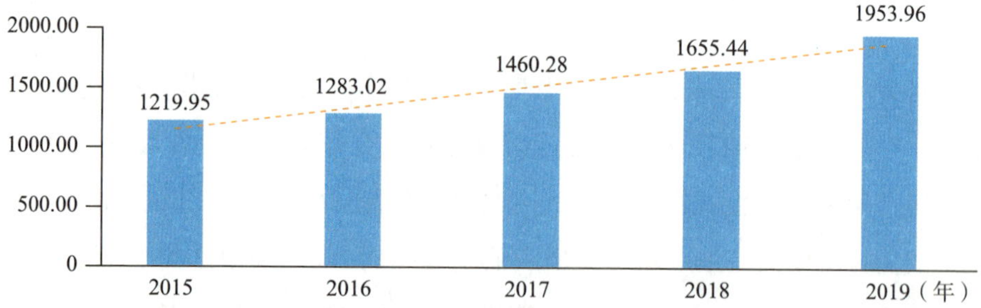

图 1　2015—2019 年中国对中东欧医药贸易出口情况

资料来源：中国医保商会根据中国海关数据统计。

就三大类产品的出口情况来看，中药、西药、医疗器械均呈现增长态势，进口增幅也在不断加快。

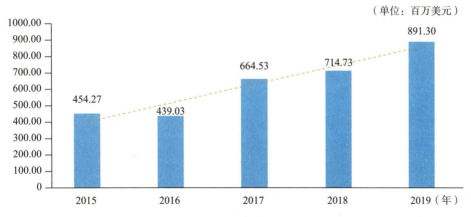

（单位：百万美元）

图2　2015—2019年中国自中东欧医药贸易进口情况

资料来源：中国医保商会根据中国海关数据统计。

### （一）中药类产品出口份额较低

2015—2019年，中药类产品对中东欧地区的出口份额较低，平均仅占3%左右。主要出口产品：植物提取物、中药材及饮片。

### （二）西药类产品出口呈现较快增长态势

过去五年，西药类产品对中东欧地区的出口呈现较快的增长态势，从2015年的6.68亿美元增长到2019年的10.81亿美元。医药原料仍然是出口的主力军，西药制剂出口呈现令人亮眼的增长势头，这与中国制剂产品加速海外市场认证密切相关。

### （三）医疗器械出口增幅逐年加快

过去五年，医疗器械类产品对中东欧地区出口呈现逐年加快态势，从2015年的4.97亿美元增长到2019年的8.16亿美元。主要是医院诊断与治疗产品，占医疗器械类产品对中东欧出口的近半壁江山；其次是保健康复用品和一次性耗材。三类产品的出口额合计占我国对中东欧医疗器械出口总额的84.4%。我国医疗设备在国际市场尤其是新兴市场的认可度逐渐提升。

### （四）多个产品进口增幅加快

我国与中东欧地区医药贸易进口呈递增趋势，从2015年的4.54亿美元

（单位：万美元）

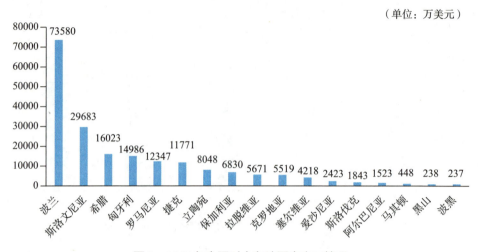

**图3　2019年中国对中东欧国家出口情况**

资料来源：中国医保商会根据中国海关数据统计。

（单位：万美元）

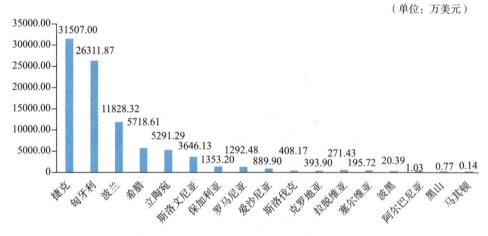

**图4　2019年中国自中东欧国家进口情况**

资料来源：中国医保商会根据中国海关数据统计。

增至2019年的8.91亿美元，增幅近一倍。西药类及医疗器械类产品的进口额逐年递增，尤其是西药原料、制剂、医院诊断与治疗设备、一次性耗材等。

就进出口市场而言，我对中东欧地区出口排名前三的市场是波兰、斯洛文尼亚和希腊，自中东欧地区进口排名前三的市场是捷克、匈牙利、波兰。

## 三、中国—中东欧医药健康合作重点案例

近年来，中国—中东欧国家医药产业合作案例层出不穷，以下仅列举部分最有代表性的案例。

### （一）对外投资

2017 年 11 月 27 日，在第六次中国—中东欧国家领导人会晤期间，李克强总理和拉脱维亚等中东欧国家领导人共同见证了《武汉国家生物产业基地建设管理办公室、武汉华大基因科技有限公司与拉脱维亚经济部三方合作协议》的签署，三方合作旨在共同筹建拉脱维亚生命科技中心。这是中国企业在中东欧国家设立的第一个生命科学和技术中心。

### （二）对华投资

斯洛文尼亚是中东欧地区传统医药化工强国，多家企业对华业务历史悠久。

莱柯制药公司早在 1983 年就进入中国市场，1987 年开始在北京设立办事处，有 10 多种产品获批进口注册。

斯洛文尼亚福托纳公司于 2004 年登陆中国市场，在上海建立了中国区总部，在成都、北京、广州、深圳等地设立了办事处。2017 年被汉德资本收购后，在汉德资本的帮助下，更加重视开拓中国市场，中国已成为福特纳公司第二大市场。

2017 年 11 月，斯洛文尼亚克尔卡公司同宁波美诺华药业股份有限公司签约合资成立宁波科尔康美诺华制药公司，主要面向欧盟及中国市场生产冻干粉剂等药品，治疗领域包括肿瘤和心脑血管等疾病。

### （三）医疗设备出口

迈瑞医疗、东软医疗等积极布局中东欧市场，是中国高端医疗产品进入该地区的代表。其中迈瑞医疗的产品和解决方案遍及中东欧 17 个国家，并在

波兰设有子公司，覆盖超过 85% 以上的公立医院和私立诊所，在整个中东欧地区开展了近百场技术培训；东软医疗与波兰、罗马尼亚和匈牙利等国也开展了务实合作。

### （四）中医药合作

罗马尼亚、斯洛伐克将针灸列入国家医保体系，匈牙利、捷克对中医职业资格立法并制定细则，捷克、黑山在本国开设中医中心。2014 年，同仁堂波兰有限公司在华沙成立并开始营业。

### （五）生物医药合作

2015 年，新沿线医药有限公司、哈尔滨誉衡药业有限公司、中国—中东欧投资基金竞购波兰专门从事胰岛素开发和制造的 Bioton 生物制药公司。

上海迪赛诺药业股份有限公司（Desano）与斯洛文尼亚生物技术公司 Acies-Bio 近年来在生物技术研发方面持续开展合作。2018 年初，迪赛诺收购 Acies-Bio 公司 22% 的股份，成为该公司的重要股东。

### （六）医院项目合作

中国国际医药卫生有限公司在塞尔维亚尼和波黑开展了涉及医疗设计、施工、设备采购的全方位合作，并积极布局克罗地亚等其他国家。

### （七）临床试验

成都康弘药业一类新药康柏西普眼用注射液的国际多中心临床试验已经覆盖波兰、捷克、匈牙利、斯洛文尼亚、拉脱维亚等中东欧国家；捷克舒迪安公司已在北京成立了符合全球最严格标准的免疫治疗细胞实验室，并与国内医院开展临床合作。

## 四、中国—中东欧国家抗击新冠肺炎疫情合作情况

自疫情暴发以来，中国与中东欧国家在医疗物资援助、医疗人员派遣、

防控经验等方面加强信息共享和紧密协作。

自 3 月中下旬疫情在中东欧地区扩散蔓延以来，中方立即启动对中东欧的物资援助工作。从产业界看，中国医保商会与捷克、匈牙利、波兰、斯洛文尼亚、斯洛伐克、黑山、希腊等中东欧国家驻华使领馆和我驻外使馆密切配合，为其推荐口罩、防护服、呼吸机、手套、体外检测试剂等防疫物资的供应商；解读有关防疫物资的出口政策；协调并组织对波黑驻华使馆及有关医疗机构的防疫物资捐赠，包括面罩、连花清瘟等抗疫产品。中国医疗企业也积极参与对海外的援助，例如华大基因联合深圳市猛犸公益基金会，陆续向塞尔维亚、阿尔巴尼亚、波兰、克罗地亚、拉脱维亚、匈牙利等国捐赠核酸检测试剂盒，其中对塞尔维亚的捐赠是其收到的首批外国援助；与腾讯、紫金矿业携手向塞尔维亚捐赠两座"火眼"实验室，对塞控制全国疫情起到了至关重要的作用。迈瑞医疗自疫情以来，除了提供呼吸机等抗疫产品之外，还通过线上会议形式为中东欧国家分享抗疫经验。例如，在获悉波兰医生的迫切需要时，迅速开启第六期迈瑞"中国—世界"抗疫热线，为波兰及全球医生带来"中国经验""世界经验"，与线上 700 多名全球同道（270 多位波兰医生）分享 COVID-19 重症救治的实践经验。

## 五、中东欧国家医药健康产业发展特点

### （一）部分中东欧国家医药健康产业优势更加明显

中东欧国家医药健康产业发展水平不相同，一部分国家更具优势。从制药产业来看，实力较强的是波兰、匈牙利、捷克、斯洛伐克、斯洛文尼亚等国。以波兰为例，其医药市场是中东欧最大，也是欧盟第六大市场，拥有 200 多家公司及 100 家左右的研究所。先进的仿制药和具有竞争力的价格是该国生物技术、制药行业的主要优势。通过与教育研究机构密切合作，研发业务也在稳步开展。匈牙利的化学原料药和仿制药生产规模大、历史悠久，是该国最富竞争力的产业之一。捷克独具优势，其心血管疾病药物、化疗辅助药物和治疗癌症的生物技术具有世界先进水平。斯洛文尼亚医药化工行业发展

较早，生产的药品在新欧盟成员国、中欧和东南欧以及独联体国家市场上颇受欢迎，化学和制药行业77%的销售额来自国外市场。一些国家在医疗器械产业方面特色明显，例如波兰是中东欧地区第二大医疗器械市场，其市场价值已达到25亿欧元，出口额从2014年的7.9亿欧元增长到2018年的22.2亿欧元，在骨科、牙科、手术设备等方面独具优势；斯洛伐克则在医疗辅助设备、义肢、牙科设备等方面竞争力较强。

但是与此同时，其他国家的医药健康产品生产能力和技术水平仍有较大提升空间，使得该地区呈现两极分化的特点。

### （二）大部分国家医药产业对外依赖程度较高

虽然该区域的传统医药强国，如波兰、匈牙利、捷克、斯洛文尼亚等自身实力较强，但总体来看，跨国医药医疗企业在上述国家的市场份额较高，大部分国家对外依赖严重。例如，罗马尼亚仍然存在较大的艾滋病、结核病、非传染性疾病、癌症、神经性疾病、糖尿病问题，基本药物供应方面对外依赖度较高。阿尔巴尼亚国内市场的药品主要来自欧美国家，国内产量仅占市场份额的10%左右，而主要医疗器械多为西方国家进口，耗材则来自韩国和中国。北马其顿的医疗产品进口比重也很大。据北马其顿国民银行统计数据，2018年北马其顿医疗和医药产品进口额为2.21亿美元，同比增长28%，出口额为1.04亿美元，同比增长5%。北马其顿大部分药品以政府方式，通过国内药品批发商从国外进口。医院和保健中心的医疗电子设备也多是通过国际和国内招标方式进口。对外依存度高意味着未来在提振本土制造能力方面有较大空间。

### （三）细分领域独树一帜

部分中东欧国家在某些细分领域的表现十分亮眼，在生物技术、电子健康、养老等方面具有一定特色。例如，爱沙尼亚是使用电子健康记录系统的先行者。2008年，爱沙尼亚成为世界上第一个实施全国范围的电子健康记录系统的国家，记录了几乎所有居民从出生到死亡的病史。自实施以来，95%

的健康数据已经数字化，供所有医疗保健专业人员和患者查阅。除了电子健康记录，爱沙尼亚还创建了电子处方服务。现在爱沙尼亚97%的处方都是数字处方。这些"小而美"的细分领域成为中东欧国家对外合作的比较优势。

### （四）中医药成为双方合作中一张亮眼的名片

匈牙利、捷克、黑山等国家在中医药合作方面已经建立了良好的基础。2013年12月17日，中医药的相关法律正式得到国会通过。2015年，匈牙利正式颁布中医药立法实施细则并生效实施，成为欧洲首个为中医药立法的国家。2016年，匈牙利政府为中医颁发欧盟行医许可证，结束了匈牙利中医需要在西医监督下行医的历史。目前，匈牙利共有中欧中医药学会、匈牙利中医药学会、匈牙利针灸医师学会、匈牙利中医孔子学院（匈牙利佩奇医科大学中医孔子学院）、匈中友协传统医学分会健康基金会五大主要中医药机构，20家中国医生开办的中医诊所以及200家匈牙利医生开办的中医诊所。

捷克也是推动中医发展的重点国家，针灸已在捷克发展了相当长一段时间。2015年，中东欧首家中医中心在捷克赫拉德茨—克拉洛韦大学医院落成，时任国务院副总理刘延东为中心揭牌，成为中捷两国搭建的中医药合作平台。2017年，捷克颁布了《中医非执业医法案》。2019年4月，中心转移至首都布拉格，为旅居布拉格的近三千华人华侨提供就医便利。近年来，随着中黑（山）两国在中医药领域的务实合作不断深入，黑山议会在2015年通过法律，赋予中医治疗作为替代性医疗的合法地位，"中国—黑山中医药中心"在黑山首都波德戈里察揭牌，成为继"中国—捷克中医中心"之后的欧洲第二所中医药中心。中医药领域的合作已成为中国—中东欧合作的一张亮眼的名片。

## 六、中东欧国家医药健康领域的共性问题

### （一）产业转型升级需求迫切

转型升级是中东欧地区多数国家医药健康行业的迫切需求，其中研发乏

力的问题更为突出。波兰医药及器械产业的问题在于以生产为主，创新研发与欧盟相比还是有较大差距。此外，另一个仿制药强国匈牙利同样面临转型升级问题，其制药行业正转向生物制药和其他价值更高的领域。更多的国家仍然处于本地化生产能力欠缺的阶段。随着产业转型升级的意识不断加强，各国也正在制定相应的规划以提升医药医疗水平。

### （二）老龄健康问题明显

中东欧多个国家存在严重老龄化问题。以斯洛文尼亚为例，过去三十年，男性预期寿命增加了 9.5 岁，女性预期寿命增加了 7.3 岁。一个出生于 2018 年的斯洛文尼亚男孩预期寿命为 78.32 岁，女孩为 83.98 岁。波兰、阿尔巴尼亚等国也纷纷提出为老年人提供优质服务的发展计划。老龄化趋势将成为下一步提升医疗服务质量和水平不可忽视的因素。

### （三）医疗保险经费紧张

虽然中东欧国家普遍具有较好的医疗保障水平，但很多国家面临较大的医保费用压力。克罗地亚是医疗产品（主要是药品）支出最高的欧盟国家之一，2015 年医疗产品支出占医疗总支出的 28.5%，而欧盟平均水平仅为 18.5%。为此，克政府通过改变定价和偿付来降低医药费用支出，包括更新基准国家列表等。在基本医疗方面，克卫生部采取成本控制措施，成立中央委员会，将极其昂贵的药品有计划地分配给各家医院，并实现一定程度的集中采购。同时，公共医疗保险的范围有限，不覆盖私人诊所和相关费用，所以只有少数负担得起的居民才有可能去私人医院看病。当前医疗市场突出的问题是公立医院的低质量服务和私人医院的昂贵费用（Enis URUCI, 2014）。波兰则由于该国卫生费用支出有限，除了基本药物、辅助医疗设备、疗养、特定牙科治疗项目外，对其他医疗服务的负担能力非常有限。因此，在拥有基本医疗保障的前提下，中东欧国家仍然面临提升保障能力、提升服务质量的困境。

### （四）部分国家医疗产品可及性问题严重

对于该区域实力较弱的国家，提高本土生产能力显得尤为紧迫。北马其顿积极吸引外资到本国经济区投资建厂，2019 年 5 月 23 日，德国某制药公司与北马其顿政府签署租赁合同，计划在斯科普里自由经济区建设占地 14 万平方米的工厂，总投资额达千万欧元。此举的目的是通过引进先进技术，加快本地化生产水平和生产能力，减少对进口的依赖。这也从侧面反映出部分国家由于本地生产能力较弱造成的医疗产品可及性问题已经较为严重。

## 七、中国—中东欧医药健康产业合作机遇分析

针对中东欧地区医药健康产业的突出特点及各国的主要合作诉求，下一步双方合作的重点领域包括以下几个方面。

### （一）中东欧一些优质医疗产品可对华引进

一些中东欧国家，如波兰、捷克、斯洛伐克、斯洛文尼亚等国医药工业基础较好，在生物医药、慢性病用药、牙科、手术设备、矫形仪器、美容等产品方面具有一定优势，可以考虑重点引进，满足我国国内市场多元化需求。加大产品的引进也有利于实现贸易平衡，促进互惠互利和共赢发展。

### （二）中国企业开拓中东欧及欧盟市场空间大

很多中东欧国家也是欧盟成员国，实行欧盟统一的药品和医疗器械质量标准和准入要求。当前，一些优质的中国企业和品牌，如高端医疗设备已成功进入中东欧，助力提升当地医疗服务的可及性。未来，中东欧国家将持续提升医疗服务质量、水平并控制费用，为质量过硬、价格合理的医疗产品的准入提供空间。此外，双方携手开拓中东欧市场还将有利于更好地进入欧盟大市场，实现资源的最优配置和效益最大化。目前，一些中东欧企业的业务已经覆盖全欧，并有意引进价格合理、质量过硬的中国产品进入中东欧及欧盟市场，为下一步双方利用现有渠道开拓欧洲业务奠定基础。

### （三）传统医药领域的合作值得期待

近年来，传统医药领域的合作方兴未艾，以匈牙利、捷克、黑山为代表的中东欧国家已在中医立法或执业方面开展了很好的尝试，为中医药在该地区的深入发展奠定了良好基础。今后，继续深挖该领域的合作潜力，以中医执业带动中药的应用，推动产品注册和标准的认可，将为传统医药产品的准入和使用创造机会。

### （四）加强医疗服务合作可成为新的增长点

近年来，中国—中东欧国家在医疗旅游、临床服务方面已经开展了一些初步合作。除此之外，双方可进一步加大合作范围。2015 年世界银行发布的《金色老龄化：欧洲和中亚的健康、积极和繁荣的老龄化社会前景》报告中就曾指出，中东欧地区的人口平均年龄比世界其他地区高 10 岁。近年来，中东欧国家为了应对老龄化和不断攀升的医疗费用，相继制定卫生计划来改善医疗服务。例如，波兰在其国家卫生计划（NPZ 2016—2020）中就提出将应对人口老龄化和医疗服务质量提升的挑战，把握远程医疗、人工智能等科技发展带来的新的历史机遇。斯洛文尼亚人口老龄化程度在该区域是最高的，斯洛文尼亚不仅加大了初级医疗保健体系中健康促进的作用，还开展了一系列室内适老设施的改造。今后，利用智能技术为老年人及特殊需求群体提供有针对性的医疗服务有望成为新增长点。

## 八、结语

"中国—中东欧合作"作为中欧合作的重要一环，应立足务实，让互利合作深入人心，使得双方切实有获得感。当前我国在与中东欧医药健康产业合作中仍然存在市场机遇、投资、技术转移等合作项目信息渠道较少，中国品牌整体认知度不高，双边经贸合作逆差加大等情况。

在当前新冠肺炎疫情常态化管控的背景下，应加强以下几个方面的工作：

着重加强医药健康产业对话与合作机制；深化中国医药企业与中东欧地区在贸易、投资、研发等领域的合作及品牌建设；继续加大中医药在中东欧及欧盟市场的发展；推动中东欧先进的产品、技术和项目进入中国；深化在医疗服务领域的合作；利用多边合作平台等机制扩大合作效果。

# 亚太地区医疗监管协调进程

## ——以新加坡—泰国监管依赖试点为例

### 亚太医疗技术协会　张黎

## 一、引言

医疗产品在当代的监管一直聚焦于质量、安全和有效性三方面。1938年，美国实施《联邦食品、药品和化妆品法案》，为新药上市设置了安全审查标准。催生该法案的主要原因是一款未经安全测试的溶剂导致100多人因二甘醇中毒死亡。1956至1960年，用于镇静催眠的沙利度胺导致46个国家约一万名胎儿患海豹肢症和其他畸形。1962年，美国首次通过药品修正案（Drug Amendments Act），要求FDA对所有新药的应用进行审批，同时要求新药必须证明其安全性和有效性；同时，FDA也被赋予一项新的权力，即要求新药遵守当时的《良好生产规范》（*Good Manufacturing Practices*）。1976年，《联邦食品、药品和化妆品法案医疗器械修正案》开始实施，有史以来首次为新型医疗器械建立了三级风险分类体系和监管路径。60年后的今天，美国对医疗产品的监管已成为保护患者权益的国际规范。亚太地区的一些监管机构也牵头开始推广监管最佳实践，以确保医疗产品的质量、安全和有效性。

过去几十年，各国监管机构大幅加强了监管体系以确保医疗产品的质量、安全和有效性。随着生物技术、纳米技术、细胞和基因疗法以及数字医疗等新技术的涌现，医疗产品变得更加复杂、更加多样化。因此，使用必要专业知识评估不同技术，对单个监管机构而言是一项巨大挑战。另外，监管体系从一个互通互联不足的世界中建立起来，现在通过合作可以弥合质量、安全、有效性和可及性的差距。新冠肺炎疫情全球大流行突显了提高医疗产品可及性的必要性，也使监管机构愈加意识到在资源有限的情况下，只有通力合作，才能以更加高效的方式，在不影响质量、安全和有效性的前提下实现医疗产品的快速可及。

## 二、监管依赖

监管依赖是指一个监管机构（"依赖机构（Relying Authority）"）完全或部分依靠其他市场（"参考机构（Reference Authority）"）或 WHO 这样的权威组织制定的评估和/或决策对医疗产品进行审批。WHO 在其最近发布的《医疗产品监管的良好依赖实践：高层级原则与考虑》中丰富了监管依赖的概念（见图 1）。监管依赖的最基本形式是，利用另一监管机构已完善的工作来协助决策的制定，同时也保持其对医疗产品审批的独立性。更高级的依赖形式是，基于互认条款等，不重复评估，即正式接受另一监管机构的决策。

监管依赖概念可以应用到医疗行业的所有领域，但本节主要关注亚太地区的医疗器械领域。

此外，WHO 建议要建立一套对监管依赖实践的管理原则——保证决策自主性，尊重国家和区域法规，具备胜任力，普适、透明、连贯的原则。在所有原则中必须强调，监管依赖并不要求"依赖机构"出让自己的独立管辖权。

虽然最好的做法是通过立法来明确鼓励实施监管依赖，但在无法律禁止的前提下，各国应有权自主选择是否采取这一方式。正如美国国家科学、工程和医学研究院在其 2020 年 3 月发布的共识调查报告——《全球化之下的医药管理：增强监管机构间的依赖》（2020）中解释的那样：依赖明显属于以下两类情况的第二类，不需要立法改革。

**认可：**一个司法管辖区的监管机构常规上接受另一监管机构或其他权威机构的工作成果及监管决策。认可意味着，符合 A 国监管要求的证据足以满足 B 国的监管要求。尽管认可通常表现为互认协议，但它其实可以有单边、双边及多边的形式。

**依赖：**一个司法管辖区的监管机构在决策过程中，考虑并重视另一监管

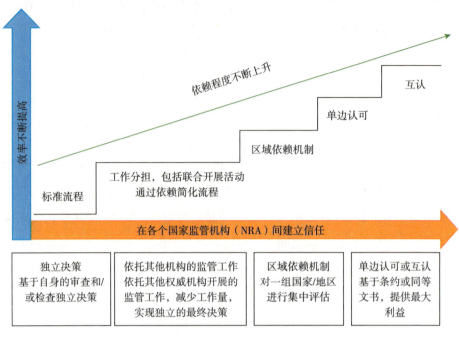

图1　世界卫生组织有关监管依赖理论的图解

机构或权威机构（例如，完全或部分依赖后者）的工作成果。即使"依赖机构"依赖其他机构的决策和信息，它们仍对自己采取的决策负有责任。

第二类中，监管依赖意味着监管机构可以找到潜在有用的对象（例如，另一监管机构的评估报告），加速自身的审批程序，而无须等待正式立法批准接受另一监管机构的决策，同时"依赖机构"对自己的决策负责。

## 三、新加坡—泰国医疗产品监管依赖试点项目

为探寻新途径以应对监管机构面对的挑战，同时提高医疗器械的可及性，2020年9月，在亚太医疗技术协会（APACMed）的支持下，新加坡卫生科学局与泰国食品药品监督管理局联合启动了监管依赖试点项目。在新冠肺炎疫情暴发之前，泰国食药监局派员前往新加坡进行调研并熟悉有关评估流程。这个试点项目同时也有利于双方就有关医疗器械的类别加强信息交换和能力

建设。

### （一）试点进展

该试点的第一阶段于 2020 年 9 月实施，泰国食药监局基于"先到先得"的原则，提出接受 12 份申请。该试点对全行业开放，申请加入试点的资格须满足以下条件：

（1）分类为 C 级或 D 级的医疗器械；

（2）按泰国旧版法规注册的进口医疗器械可以重新提交注册（以加速现有医疗器械的重新评估，顺利过渡到 2021 年 2 月实施的新法规）；

（3）已在新加坡卫生科学局注册的医疗器械。

第一阶段之后，泰国食药监局在 2021 年 2 月宣布实施试点第二阶段，并基于"先到先得"原则同意接受 12 份申请。申请者应满足下述资格：

（1）分类为 B 级、C 级或 D 级的医疗器械；

（2）除上述分级外，所申请的医疗器械须属于以下类别：新冠肺炎病毒检测试剂盒，活性植入物，自动体外除颤仪，含有动物细胞、组织和/或细胞、组织衍生品和/或微生物或重组来源的衍生品；

（3）已在新加坡卫生科学局注册的医疗器械。

### （二）预期产出

该试点的预期产出是，相比常规申请路径，泰国食药监局对试点产品的审批时间将大大缩短。同时，由于试点项目节省了审评资源，申请费用也有望减少。

### （三）阶段成果

目前，第一阶段提交的申请已完成审评。根据泰国食药监局 2021 年 2 月实施的医疗器械新规，企业需要在新信息系统中重新提交资料，因此还需等待最终获批。根据 APACMed 会员企业及泰国食药监局的初步反馈，在监管依赖试点下，审评时间已从通常所需的 10 个月大幅缩短至 2 个月左右。而企业在新信息系统提交资料后，需要再等一个月才能获批，因此监管依赖试点下的总审批时长通常需要 3 个月。目前，正在开展试点第二阶段的文件提交工作。

## 四、未来展望

APACMed 与新加坡卫生科学局以及泰国食药监局保持合作，共同完善该监管依赖试点项目。从短期来看，试点将鼓励亚太地区监管机构更多地将"监管依赖"作为加速该地区医疗器械审批的办法；从中期来看，试点将搭建一个亚太地区广泛的合作和监管依赖网络。APACMed 现在正与其他监管机构紧密合作，共同探寻在亚太地区拓展监管依赖网络的可能性，即推动成为依赖机构或参考机构的可行性。

在此期间，一些东盟国家药监机构已经表达了合作的意向，如 2021 年 4 月，APACMed 与菲律宾食品药品监督局举办了第一期介绍会，分享了新加坡—泰国试点项目；APACMed 还与澳大利亚医疗用品管理局（TGA）开展多次研讨。APACMed 欢迎本区域所有监管机构加入试点。从长期来看，在各相关方不断紧密合作并且分享监管的最佳实践的努力下，监管依赖可以推动亚太地区实现协调互通，并在尽可能短的时间内确保安全有效医疗器械的可及性。APACMed 也正在与 IMDRF、AHWP、WHO 等国际机构开展讨论，探寻在监管依赖方面的合作机遇。

## 五、亚太医疗技术协会

亚太医疗技术协会（APACMed）成立于 2014 年，是亚太地区唯一代表医疗技术行业统一声音的区域性行业组织。截至 2021 年上半年，协会的会员已超过 250 家，包括跨国公司、本土中小型医疗技术企业、亚太地区各国本地行业协会、学术机构及咨询公司等第三方智力支持合作伙伴。

协会主要关注大型医疗设备、体外诊断试剂、数字医疗领域。APACMed 总部位于新加坡，协会的使命是以患者为本，努力通过与利益相关方之间的创新合作，不断为患者提升医疗标准，共同塑造亚太地区医疗的未来。协会致力于与各国政府和其他利益相关方合作，使患者能够获得创新的、拯救生命的医疗技术，支持该地区强大和日益繁荣的医疗保健系统，并进一步将其打造成一个鼓励投资、贸易和创新的强健、可持续区域生态系统。

第八篇
**综合发展**

# 工业互联网助力中国制药企业国际化发展

海尔卡奥斯团队

在中国制药企业国际化发展的进程中，数字化转型势在必行，工业互联网是促进医药企业转型升级的新引擎，运用工业互联网实施医药企业数字化、网络化、智能化转型是大势所趋。

转型升级后医药企业的数字化程度将会得到显著提升，传统医药企业将会快速向数字化靠拢，同时数字化又将拉动医药企业进一步加速发展。医药企业通过工业互联网平台实现海内外供需互通、国际生态合作、药品原料采购管理、5G+生产管理、质量溯源、销售管理、5G+智慧物流、5G+智慧工厂等创新应用场景。

## 一、数字化转型

21世纪以来，全球科技创新进入空前密集活跃时期，新一轮科技革命和产业变革正在重构全球科技的版图，重塑全球经济的结构。科学技术从来没有像今天这样深刻影响着国家、民族的命运和人民的生活。科技正带动着制造业产业模式和企业形态发生根本性转变，医药企业走向国际进行数字化转型是大势所趋，通过数字化转型提高国际竞争力水平，与国际无缝接轨。

随着工业4.0时代的到来，在自动化、物联网、信息技术的共同推动下，各传统制造行业都在进行智能制造升级，数字化转型已成为各行各业的共识，对制药企业来说，同样也不例外。制药企业可以通过工业互联网、人工智能、物联网、云计算等技术手段实现医药生产环节的可视、可控，实现医药企业核心价值链各环节的信息化、数字化和智能化，最终达成快速反馈和个性化的产品和服务，不仅可以减少人工操作导致的偏差和错误，确保操作流程的合规性和信息透明度，保证药品生产质量，降低生产成本，还可以对收集的数据进行分析从而持续改进药品质量。通过使用数字化的产品与服务构建医药生态圈，提高研发、生产、营销等环节效率，实现各个环节的数据分析、高效协同、智能响应，重塑核心竞争力。

目前，全球医药工业竞争格局正在发生重大调整，发达国家以其固有的医药研发、制造能力，加之"再工业化"战略推动，始终保持着制药业的竞争优势，一些发展中国家凭借低劳动成本优势与仿制能力，渗透到全球医药工业再分工中，实现中低端制造转移。因此，我国医药企业面临发达国家和其他发展中国家"双向挤压"的严峻挑战。

目前大部分国内制药企业尚处于信息化积极探索阶段，正在努力实现各业务系统的线上化，进行智能制造改造探索，但不同地区、不同企业发展不平衡，且制药企业特别强调生产流程的合规性与质量控制，这些因素导致医药企业数字化转型升级存在一些现实障碍，进展缓慢。跨国医药企业的数字化进程比国内医药企业更快，目前处于成熟的数字化阶段，各个系统建设较为完善，系统之间基本实现数据互通，并尝试利用数据指导业务决策。

## 二、工业互联网赋能数字化转型

工业互联网作为新一代网络信息技术与现代工业融合发展催生的新事物，是实现生产制造领域全要素、全产业链、全价值链连接的关键，是工业经济数字化、网络化、智能化的重要基础设施，是互联网从消费领域向生产领域、从虚拟经济向实体经济拓展的核心载体。加快工业互联网发展，对推动制造业与互联网深度融合，促进"大众创业、万众创新"和大中小企业融通发展，建设制造强国、网络强国意义重大。

制药企业运用工业互联网实施数字化、网络化、智能化改造的核心和共性需求，主要体现在3个方面：一是生产管控透明化和设备远程运维。通过生产状态可视化，实现设备预测性维护、参数优化调整、生产管理改善；通过装备产品远程监测、诊断和运维，实现服务化转型。二是供应链的高效协同。通过制药龙头企业带动上下游配套企业生产数据上云，实现质量有效监控、库存精准管理、生产智能排程、供需精准匹配。三是研发设计协同。以按需付费的模式，使用云化的计算资源和研发设计软件，大幅降低一次性购买的投入成本；借助云平台推动研发设计协同，实现工具库、模型库、数据库等行业资源共享，以及多地、多用户研发设计任务的统筹、分配与协同，提升研发效率和水平。

卡奥斯 COSMOPlat 平台、美国通用电气 Predix 平台及德国西门子 Mind-Sphere 平台，被业界誉为最有代表性的全球三大工业互联网平台。卡奥斯平台连续两年入围国家工信部"跨行业跨领域工业互联网平台"。

作为中国最早探索数字化转型的企业之一，海尔从 2012 年开始探索工业互联网，通过"联用户、联网器、联全流程"的互联工厂模式，实现自有工厂的"网络化、数字化、智能化"改造，并推出成套大规模定制解决方案，通过卡奥斯 COSMOPlat 平台输出社会化服务。卡奥斯 COSMOPlat 以大规模定制模式为核心进行科技创新与平台研发，不断将新兴技术引入生产体系，持续改善生产工艺和流程，并构建起丰富的平台解决方案和开发、应用生态，持续提升平台能力，加速互联互通。

主导制定国际标准，掌握标准话语权。卡奥斯是唯一被三大国际标准组织（IEEE、IEC、ISO）共同批准主导制定大规模国际标准的平台，也是唯一一个被欧洲联邦云（GAIA-X）邀请参与共建平台的非欧盟企业。

形成"灯塔工厂"到"灯塔基地"的示范。卡奥斯赋能海尔两座互联工厂成为"灯塔工厂"，助力青岛啤酒成为啤酒饮料行业首个"灯塔工厂"，并赋能中德智慧园区（包含 4 个工厂和 1 个智研院）赢得德国工业 4.0 奖，实现从单一"灯塔工厂"到"灯塔基地"的升级。

卡奥斯向海外复制工业互联网的中国模式。卡奥斯已经在海尔收购的企业，如美国 GEA、欧洲 Candy、新西兰 F&PA、日本 AQUA 等工厂成功复制。以美国通用家电为例，新冠肺炎疫情期间，通过卡奥斯的赋能，在行业利润普遍下降的情况下，实现了收入、利润两位数的增长，吸引越来多的国外企业应用中国模式。

卡奥斯 COSMOPlat 秉承"为用户增值，创共赢生态"的使命，通过做实基础、做厚中台、做强应用、精准赋能，持续推动医药企业数字化转型进阶和新技术、新模式、新业态普及，让制药企业在国际市场上更具竞争力，加快国际化发展。

基于 IoT 层、IaaS 层、PaaS 层、SaaS 层的通用架构，卡奥斯 COSMOPlat 构建了集成工业机理模型、知识图谱、数字空间、数字孪生体等模块的 BaaS 核心引擎，以及丰富的开发、应用生态，并全线贯穿标准标识体系和平台安全防护系统，保证各类系统和应用互联互通、稳定安全运行。同时，平台会不断探索人工智能、区块链、云计算、大数据、5G 等先进技术，后期与医药企业生产场景应用结合，持续改善医药生产工艺和流程，赋能医药企业实现智能化生产、个性化定制、平台化设计、网络化协同、服务化延伸、数字化管理。

（1）智能化制造方面，卡奥斯推动感知设备、生产装置、控制系统与管理系统等广泛互联，通过数据分析、决策优化达成生产智能管控和运营智慧决策，实现高精度、高效率、零库存。

（2）个性化定制方面，卡奥斯推动企业通过与用户深度交互，精准挖掘分析用户需求，实现大规模个性化定制方案。

平台化设计方面，通过平台化、虚拟化仿真设计工具，实现高效率的轻量化设计、并行设计、敏捷设计和交互设计，提升研发质量和效率。

（3）网络化协同方面，卡奥斯汇聚设计、制造、运维、供应链等各环节供应商、服务商和研发人员，打造全生命周期数字产品，实现跨企业、跨地区、跨国界的一体化网络协同体系。

（4）服务化延伸方面，卡奥斯实现对智能产品装备的远程互联和数据分析，形成在线监测、远程运维、预测性维护等服务模式，基于产品数据跨界整合与价值挖掘，进一步实现服务延伸。

（5）数字化管理方面，卡奥斯打造数据驱动、敏捷高效的经营管理体系，推进普及可视化管理模式，开展动态市场响应、资源配置优化、智能战略决策等新型管理能力。

（6）在抗击新冠肺炎疫情的过程中，工业互联网充分发挥互联互通和资源链接的能力，促进供需对接，有力地支撑了全社会资源的整合和物资的高效调用。

目前，卡奥斯COSMOPlat积极调动全球产业链上下游企业产能，打通采购、生产、物流等瓶颈环节，通过线上搭建工业互联网平台和线下建设产业园模式，用实际行动，助力医药企业国际化发展：先后协助巴基斯坦采购3批防护物资，高效赋能相关物资百万件；针对德国防疫需求定制生产测温消毒通道；为荷兰提供上亿件核酸检测耗材，卡奥斯COSMOPlat已累计服务海外20个国家。

## 三、工业互联网助力制药企业国际化

随着经济发展，企业全球化布局加速，工业互联网在世界经济力量中将占据越来越重要的位置。

国际化是制药企业的战略选择和远景目标，因地域和文化等因素影响，国际市场需求有所差异，这时需要平台协同制药企业提供定制化服务满足国际客户的差异化需求，最终给客户交付的是用户参与需求设计的定制化完整服务，让客户满意度提升，平台专业度提高。

卡奥斯COSMOPlat在工业互联网领域不断探索与成长，逐渐走向成熟，持续做强平台能力、做深垂直行业、做专模块特色、与全球生态方共同进化、共创共赢。以无限进化、场景生态引领制药企业国际化转型，不仅帮助制药企业实现数字化、智能化改造，而且推动制药企业从独立封闭资源向全球开放生态资源转变，助推中国制药企业"走出去"，同时将国际医药资源引进来，构建一个医药产业资源全球配置的枢纽。

作为"生态赋能者"，卡奥斯COSMOPlat将充分利用国内国际两个市场、两种资源的优势，共创开放包容、产业协同、共赢共享的产业生态"热带雨林"，以工业互联网为纽带，共建工业互联网+制药企业生态，提高制药企国际化竞争力。

秉承开放理念，卡奥斯 COSMOPlat 将通过扩大与深化国际合作，成为中国模式出海的典范和先驱者，书写工业互联网领域的"中国答案"，赋能制药企业实现转型愿景，为制药企业国际化发展提供科技支撑。

# 医药跨境电商发展现状与趋势分析

全球电子商务大会创始人　中国出入境检验检疫协会副会长　唐生

医药跨境电商特指跨境电商销售医药产品，是指利用跨境电商的交易模式销售境外医药产品及相关服务的国际商务活动。它同样具备不同关境的交易主体，电商平台达成交易、进行支付结算的交易方式，组织跨境物流等商务贸易的组织形式，跨境电商为国际医药产品的跨境流通提供了丰富和高效的通道。

进入新时代，中国医药产业加速了国际化进程，受全球化和数字化叠加影响，数字医疗、数字健康和数字贸易不断影响着医药健康产业链，医药跨境电商业态日益显现、品质需求不断提升。现阶段我国发展医药跨境电商具有全球化背景，用户需求大以及政策扶持与引导的优势。医药跨境电商正影响世界医疗与国际健康发展。

## 一、发展现状

2021 年是世界互联网诞生 52 周年，也是中国全功能接入互联网的 27 周年。20 多年来中国信息化快速成长、孕育了电子商务的繁荣与壮大，孵化了跨境电商的全球联通、跨境繁荣与高速发展。与此同时，互联网作为数字化浪潮的重要驱动力，推动数字经济成为经济增长的新引擎、新模式和新空间，也成为中国经济增长的世界名片。

2014 年 1 月 17 日海关总署〔2014〕12 号公告增列海关监管方式 "9610" 代码自 2014 年 2 月 10 日起实施，2014 年 08 月 01 日海关总署〔2014〕57 号公告增列海关监管方式 "1210" 代码自 2014 年 8 月 1 日起实施，就此拉开了中国狭义跨境电商监管的大幕。中国跨境电商历经 8 年风雨，政策频出，先后经历了 5 次跨境电商试点城市扩大（2015 年、2016 年、2018 年、2019 年、2020 年）4 次跨境电商政策延长，3 次调整跨境电商进出口税率，2 次更改跨境电商目录清单。海关还增列了 9610、1210、9710、9810 等监管方式，初步形成具有中国制度与体制优势的跨境电商监管方式。

2021 年 3 月 18 日，商务部、发展改革委、财政部、海关总署、税务总局、市场监管总局发布关于扩大跨境电商零售进口试点、严格落实监管要求的通知。通知指出将跨境电商零售进口试点扩大至所有自贸试验区、跨境电商综试区、综合保税区、进口贸易促进创新示范区、保税物流中心（B 型）所在城市（及区域）。今后相关城市（区域）经所在地海关确认符合监管要求后，即可按照《商务部　发展改革委　财政部　海关总署　税务总局　市场监管总局关于完善跨境电子商务零售进口监管有关工作的通知》（商财发〔2018〕486 号）的要求，开展网购保税进口（海关监管方式代码"1210"）业务。中国跨境电商试点制度完成特定历史使命，作为我国外贸发展的有生力量、跨境电商开启常态化发展模式。

## 二、破冰试点

为做好北京市跨境电商销售医药产品试点工作，按照《国务院关于全面推进北京市服务业扩大开放综合试点工作方案的批复》（国函〔2019〕16 号）及《国家药监局综合司关于开展跨境电商销售医药产品的复函（药监综药管函〔2019〕518 号）文件精神，2019 年 6 月国家开放海外 OTC 药品政策，多个跨境电商企业以直邮模式在跨境电商平台陆续上线销售。跨境电商保税区销售医药产品试点模式亦率先在北京发轫。

北京市跨境电商销售医药产品试点工作实施方案要点在于推动医药跨境电商行业建立和完善跨境医药产品安全长效机制，促进医药电商行业协调发展，做好试点企业资质及试点医药产品清单备案审核。在这里试点企业是试点工作的综合统筹管理机构，通过与自身相关联的其他企业提供跨境医药产品网络交易、通关、仓储、配送等服务，但是它不直接参与跨境医药产品销售。另外，方案试点企业应当是注册在北京市行政区域内、具备企业法人和医疗器械网络交易服务第三方平台资格的企业，相关跨境医药产品应当在北京口岸通关，并在天竺综保区内具有符合跨境医药产品存储要求的仓储能力。

"京东健康国际自营药房"于2019年8月开始上线运营，为消费者提供来自境外不同国家的家庭常备药品。2019年12月底，北京市药监局发布"北京市跨境电商销售医药产品试点工作实施方案①"，京东健康与阿里健康提出申请并成为首批在北京天竺综保区获准开展跨境电商进口医药产品业务的企业②。2020年6月18日，京东健康首单跨境电商进口医药产品在北京机场完成申报，在天竺保税区医药仓进行存储，充分发挥企业的供应链优势，在当天将商品配送至消费者手中③。

当时首批申请通过的清单产品主要为膏贴类和清凉油类，产品数量相对较少。京东健康紧密配合相关监管单位，协同行业协会，积极组织药学专家对多款产品进行成分、安全及功效的评估，逐步将保税试点产品种类扩大到上百种，配送时效相较以往的直邮模式也大大提升，最快可实现订单次日达，消费者体验和满意度有了大幅提升，与阿里健康一起作为北京市跨境电商销售医药产品试点企业在天竺综保区开展跨境电商进口医药产品业务。在这里要指出的是入驻企业（商家）是指通过试点企业向境内销售跨境医药产品的境外医药产品经营企业，除境内个人消费者以外，不得向境内任何企业、其他单位销售境外医药产品。

2020年落地北京的中国首个跨境医药电商试点，取得了较好成效，给全国消费者送去了健康福音。作为率先申请开展跨境电商医药产品试点业务并获公示的企业，阿里健康在北京相关政府部门的指导下不断探索试点标准，完善运营模式。2020年6月18日，阿里健康在位于北京天竺保税区的跨境药

---

① 北京市药品监督管理局. 关于发布《北京跨境电商销售医药产品试点工作实施方案》的公告（2019-12-30）. http://yjj.beijing.gov.cn/yjj/zwgk20/zcwj24/gg17/662032/index.html.

② 新浪财经我国首个跨境电商医药产品首秀"战绩"不俗（2020-06-23）. https://t.cj.sina.com.cn/articles/view/1784473157/6a5ce64502001wmvp?from=tech.

③ 网易科技、京东健康成为跨境电商进口医药产品试点资格企业　618进口药品日均销量增长20倍（2020-06-19）. https://www.163.com/tech/article/FFFOLQB300099A7M.html.

品保税仓正式开启运营，首批入仓的进口跨境非处方药品（OTC）当天全部售罄，部分商品当日送达消费者手中①。

## 三、发展模式

### （一）北京模式

回溯 2019 年，为解决消费者日益增长的需求，深化服务业扩大开放综合试点，北京"跨境医药电商试点"政策正式获得国家药品监督管理局批复同意。当年 12 月 30 日，《北京市跨境电商销售医药产品试点工作实施方案》正式落地，这是中国跨境电商政策在涉及医药产品方面的首次破冰。在满足与丰富消费者选择的同时，为保障安全，作为入围北京"跨境医药电商试点"的标准，试点企业需具备符合开展试点要求的电子商务平台交易服务系统，实现对跨境医药产品的质量管控、追溯管理，并建立完善的跨境医药产品风险防控体系以及售前、售中、售后服务体系和质量保障体系。

在北京天竺跨境药品仓运营后，京东健康于 2020 年 7 月 30 日与佛山某公司达成战略合作，将就粤港澳大湾区"大健康跨境医药电商供应链"展开合作，为全球医药跨境供应链提供服务，就此开始了跨境医药电商"广州模式"的探索，解决了跨境药品用户占比最高的华南区用户跨境用药安全、用药便利等问题。

面对中国改革开放、贸易便利、强大市场、需求提质，海外 OTC 企业看好中国跨境电商增长市场，海关积极顺应跨境电商新业态对健康需求持续增长的发展趋势，充分发挥北京市医药产业基础优势，努力提高利用国际国内两个市场、两种资源能力，第一次打通了我国跨境医药产品零售进口的合法正规路径。在保证严密监管前提下，推动消费结构优化，拉动境外消费回流，促进消费升级，满足国内群众对于提升生活品质，便捷购买境外优质医药产

---

① 新浪网. 我国首个跨境医药电商试点 618 首秀（2020-06-22）. https://k.sina.com.cn/article_1726918143_ 66eeadff02000ydnf.html.

品的诉求，实现不出国门、足不出户，即可享受更先进、更安全、更实惠的正规国际医药产品的保障。目前阿里北京保税仓的非处方药品主要集中在一些家庭常备外用 OTC 药品上，其他品类用药也正在陆续引进中。而整个跨境药品市场空间潜力非常大。

京东健康从中国香港进口的家庭常备药，在华南区用户认可度非常高，广东佛山仓的开通不仅大幅提升了相关产品的销量，也让用户足不出户便能快速便捷地购买到心仪的药品。京东健康率先在业内完成了跨境医药保税两地仓储布局，在保税医药产品清单上更加丰富，提升了跨区配送时效，使"京东健康国际自营药房"的用户享受到了更快更优的购物体验。

### （二）海外直邮

海外直邮销售 OTC 药品的模式对跨境电商平台、海外合规企业以及运营平台也都有严格的规范和要求，2019 年 3 月，"中岛药局海外旗舰店"入驻京东国际平台，超过 10.5 万人关注；同年 8 月天猫国际设立"中岛药局海外旗舰店"，两个平台就是依托港资企业香港康虹医药集团设立的 OTC 跨境直邮电商平台，在 OTC 药品、医疗器械等领域不断创新突破，目前注册粉丝已突破 3.4 万人。

从数据统计看，目前海外直邮的品类大多是保健品。以海关税则号为统计口径，2020 年中国进口营养保健食品 48.1 亿美元，同比增长 23.9%，出口 21.8 亿元，同比增长 10.98%[①]。虽然 OTC 药品和营养保健品不是同一种类产品，但不难看出市场增长的内在动力所在。

### （三）郑州模式

如果说跨境电商合规 OTC 药品（试点）与传统的跨境电商目录清单产品都是为满足个人实际需求，产品不执行严格的注册备案与审批，加快了使用速度与便利，关税的减免也降低了使用者的成本，使得个人用药更加有针对

---

① 中国新闻网. 2020 年中国营养保健食品进出口额均创历史新高（2021－06－23）. https://www.360kuai.com/pc/9df5bed59a3dbb978? cota＝3&kuai＿so＝1&tj＿url＝so＿vip&sign＝360＿57c3bbd1&refer＿scene＝so＿1.

性和国际化。可以预见这种方式可以倒逼中国企业提升品牌和质量，同时最大限度减少了中间流通环节。

2021 年 5 月，国务院以正式文件的形式同意在河南省开展跨境电子商务零售进口药品试点①。试点品种为已取得我国境内上市许可的 13 个非处方药，非处方药将按照《关于跨境电子商务零售进出口商品有关监管事宜的公告》（海关总署公告〔2018〕194 号）规定的通关管理要求开展进口业务，在通关环节不核验进口药品通关单，参照执行跨境电商零售进口相关税收政策，相关交易纳入个人年度交易总额，适用跨境电商零售进口商品单次、年度交易限值相关规定，在交易限值内，关税税率暂设为 0%，进口环节增值税、消费税暂按法定应纳税额的 70% 征收。这对跨境电商行业开展非处方药交易意义重大。我国对药品进口实施指定进口口岸管理相关制度，截至 2021 年 9 月经批准的药品（除《药品进口管理办法》第十条规定以外的药品）进口口岸及城市共有 27 个，分别为江苏省的苏州工业园区口岸、北京市、天津市、上海市、大连市、青岛市、成都市、武汉市、重庆市、厦门市、南京市、杭州市、宁波市、福州市、广州市、深圳市、珠海市、海口市、西安市、南宁市、湖南省长沙航空口岸、山东省济南航空口岸、河南省郑州航空港口岸、辽宁省沈阳航空口岸、江苏省无锡航空口岸、江阴港口岸及吉林省长春空港口岸②。

## （四）海南模式

为支持海南自由贸易港建设，海南博鳌乐城国际医疗旅游先行区因临床急需可以进口已在美国、欧盟、日本等国家或地区批准上市，未获我国批准注册的、国内已注册品种无法替代的药品（不包括疫苗等实施特殊管理的药品）③。

---

① 国务院关于同意在河南省开展跨境电子商务零售进口药品试点的批复（2021-05-08）国函〔2021〕51 号. http://www.gov.cn/zhengce/content/2021-05/12/content_ 5606009.htm.

② 国家药品监督管理局，国家药监局综合司，海关总署办公厅. 关于增设长春空港口岸为药品进口口岸的通知（2021-09-03）. https://www.nmpa.gov.cn/xxgk/fgwj/gzwj/gzwjyp/20210903105010118.html.

③ 海南自由贸易港博鳌乐城国际医疗旅游先行区条例（2020-06-16）. http://www.hainanpc.net/hainanpc/xwzx/szyw/989348/index.html.

国家发展改革委、商务部关于支持海南自由贸易港建设放宽市场准入若干特别措施的意见指出，支持开展互联网处方药销售。在博鳌乐城国际医疗旅游先行区建立海南电子处方中心（为处方药销售机构提供第三方信息服务），对于在国内上市销售的处方药，除国家药品管理法明确实行特殊管理的药品外，全部允许依托电子处方中心进行互联网销售，不再另行审批。海南电子处方中心对接互联网医院、海南医疗机构处方系统、各类处方药销售平台、医保信息平台与支付结算机构、商业类保险机构，实现处方相关信息统一归集及处方药购买、信息安全认证、医保结算等事项"一网通办"①。

海南电子处方中心与河南开展跨境电子商务零售进口药品试点，以及北京天竺综保区所开展的零售进口药品试点都是中国深化改革与发展在新的历史阶段进入深水区的有益而大胆的探索。

## 四、品类研究

郑州零售进口药品试点品种为已取得我国境内上市许可的 13 个非处方药。笔者对之前海关总署公布的 2019 年版跨境电子商务零售进口商品清单中（总序数 1413）和健康有关的产品做了认真梳理，分别是 30049051 中药酒（混合或非混合，治病或防病用已配定剂量或零售包装）、30049054 清凉油（混合或非混合，治病或防病用已配定剂量或零售包装）、30051010 橡皮膏（经药物浸涂或制定零售包装供医疗、外科、牙科或兽医用）、30051090 其他胶粘敷料及有胶粘涂层的物品（经药物浸涂或制定零售包装供医疗、外科、牙科或兽医用）、30059010 药棉、纱布、绷带（经药物浸涂或制定零售包装供医疗、外科、牙科或兽医用）、30059090 其他医用软填料及类似物品（经药物浸涂或制定零售包装供医疗、外科、牙科或兽医用）（按照医疗器械管理的商品除外）、30061000 无菌外科肠线；无菌昆布、无菌黏合胶布、无菌吸收

---

① 关于支持海南自由贸易港建设放宽市场准入若干特别措施的意见（2021-04-07）. http://www.gov.cn/zhengce/zhengceku/2021-04/08/content_ 5598516.htm.

性止血材料、外科或牙科用无菌抗粘连阻隔材料及类似无菌材料（按照医疗器械管理的商品除外）、30067000 专用于人类或作兽药用的凝胶制品，作为外科手术或体检时躯体部位的润滑剂，或者作为躯体和医疗器械之间的耦合剂（按照医疗器械管理的商品除外），以上产品都可在已完善业务功能的跨境电商综合试验区或跨境电商零售进口试点城市经营销售。

## 五、存在问题

跨境电商销售医药产品试点成本、早期投入和形成闭环周期较长；跨境电商医药产品品类有待丰富；相关政策深入解读与宣贯和企业具体实操落地衔接程度有待提高；有效监督和责任机制并未形成、表面发展和实际效果存在差距，深入发展和持续创新的机制、制度仍需强力探索。

## 六、未来展望

中国正在加快新型数字基础设施建设，夯实数字经济发展根基，截至 2021 年 6 月，中国网民规模达 10.11 亿，较 2020 年 12 月增长 2175 万，互联网普及率达 71.6%[①]；2020 年数字经济规模达到 39.2 万亿元[②]，总量跃居世界前列。今天的健康中国已经和海外的跨境电商，海外的医疗、生产、贸易、研究机构、服务伙伴等密不可分，在学术、医疗、药品、营养保健品、膳食补充剂、特殊食品、防疫物资等相关领域都和世界紧密相连。

我们同时也看到先进的境外抗癌药、罕见病用药等"救命药"需求目前未被满足，未来随着超级互联网医院的出现和国内外医疗服务的规范化、合理化发展，国内的肿瘤患者及罕见病患者无药可用、用药慢及用药贵的情况

---

① 中国互联网络发展状况统计报告（2021 – 09 – 15）. http://www.cnnic.cn/hlwfzyj/hlwxzbg/hlwtjbg/202109/t20210915_ 71543.htm.
② 中国信通院. 全球数字经济白皮书——疫情冲击下的复苏新曙光. http://www.caict.ac.cn/kxyj/qwfb/bps/202108/t20210802_ 381484.htm.

也将持续得到缓解，海外医疗服务的发展也将与国内医疗互相补充、相互促进，跨境电商医疗将为提升消费者的医疗服务和质量作出重要贡献。随着跨境电商销售医药产品问题的优化和有效解决，医疗健康领域的跨境电商产业链、价值链、供应链不断增强。人类卫生健康共同体这一理念和内涵也将不断深化。

# 医疗健康企业如何使用外贸
# 大数据开拓国际市场

环球慧思（北京）信息技术有限公司

后疫情时代，全球主要国家逐步复工复产，以及大国博弈背景下出现的逆全球化潮流，使得国际市场正在经历一轮深刻的洗牌过程。中国外贸面临的竞争越来越激烈，外贸企业面临的考验也越来越大，很多优秀的企业开始主动求变，用大数据武装自己，并将工业时代的泛泛营销、被动营销模式进化成数字化时代的主动营销、精准营销模式，在全球市场攻城略地的同时，也为中国外贸的转型升级打造出强有力的样本。

新冠肺炎疫情下许多企业努力推动大数据在医疗健康行业开拓国际市场中的应用，在利用大数据进行国际贸易精准营销上也积累了很多经验，具体体现在以下几个方面。

## 一、市场分析数据化

市场有一双看不见的手，永远处于变化之中，同样一家企业在不同的市场会产生不同的效益，并且在同一个市场不同时期的投入也会产生不同的效益，市场分析至关重要，它如同企业的导航系统，决定着企业的市场开发方向、策略和节奏。而外贸大数据在市场分析中的应用，使得企业从真正意义上对全球市场有了全景式的认知，它可以让企业精准了解其产品在全球不同市场、不同时期的贸易总量、贸易总额和贸易增速，有效识别出采购量大、机会多、利润高的市场，通过对数据不同维度的分析，全面掌握国际市场完整清晰的交易动态，进而指导企业调整生产计划、品牌计划、采购计划、销售计划以及市场开发计划。

以一家广州企业为例，这家企业近些年一直保持快速的增长，并逐步成为当地的龙头企业,每年1月份都会召开年度营销战略规划会议,在对上一年度的营销战略实施成果进行复盘的同时,还对本年度的营销战略进行规划。通常情况下,他们的市场部门会拿出五份数据:一是全球主要市场采购同类型产品的数据;二是公司各产品线在各个市场的营销数据;三是竞争对手在全球的供应数据;四是上游相关产品的供需数据;五是全球市场重点客户采购数据。这是一套实施线路极其清晰且可操作性极强的行动指南,"五位一体"的数据分析,使他们基本锁定了年度的营销工作要点,确定了要重点开发的市场、重点维护的市场、重点攻关的客户以及在这些市场的价格策略、品牌策略、竞争策略等。

## 二、"客户画像"数据化

市场有大小之分,客户有优劣之别,一个市场内有着形形色色的客户群体,企业要做的是在其中筛选出适合自己供应能力的目标客户,所以企业对"客户画像"的精准程度决定着企业的客户开发效率。在数字化时代,随着外贸大数据在国际贸易开发中的广泛应用,使得企业对"客户画像"的勾勒愈加清晰。企业可以通过外贸大数据掌握每一家潜在客户的采购时间、采购对象、采购数量、采购价格、采购频率和风格偏好,从而为开发和跟进客户提供决策依据。

在贸易领域一提起印度客户,会高频出现的几个词分别是低价、压价、再压价,导致很多外贸企业眼中的印度"客户画像"只有"量价收割机"这一标签,因为"客户画像"的模糊,导致了很多在谈判和沟通上的被动。

一家做原料药的企业分享过这样一个案例:有一个印度买家发来询盘,不出意外该询盘中透露着满满的压价气息,那该买家真实的采购情况如何呢?企业通过数据查到该买家所有的交易记录,发现有两家是其较为长期稳定的供货商,有3家只零星采购了几次。在仔细研究了该买家与不同供应商之间交易的日期、频率、规格、数量及价格数据后,企业完成了对该买家的精准画像,得出如下判断:第一,该买家采购量较大,故采购能力为中上等;第二，该买家采购价格适中，故价格利润空间可以保证；第三，该买家有长期供应商，故信用度较好。由此，最终企业得出结论：该买家是个长期、稳定、有利润的优质合作对象。有了精准的"客户画像"，在与客户进行谈判时就有了主动权，最后也就顺理成章地达成了合作。

## 三、行业监测数据化

当下，国际贸易领域的竞争越来越激烈，外贸企业面临着越来越多的考验，行业内的竞争态势瞬息万变，同质化的产品和替代性强的产品，使市场越来越没有空间，因此越来越多的企业通过行业监测来制定差异化的营销策略。行业监测的清晰度直接决定了企业营销的辨识度，而外贸大数据在行业监测领域的应用，为外贸企业全方位了解同行提供了绝佳的视角。通过外贸大数据，企业可以清楚地看到：竞品公司的市场表现、交易对象、交易周期、交易频率、交易价格以及客户异动状态等，并以此判断行业体量、产品动态和市场前景，制定差异化的营销策略。

一家在深圳的医疗行业龙头企业，在疫情期间利用数据创造了堪称经典的竞品投放商业案例。疫情暴发初期，企业就实时关注全球与疫情相关产品的采购数据动态，通过科学分析得出血氧监护产品将会出现巨大的、长期的增量需求，并且新冠肺炎病毒抗体抗原产品也将会成为新的业务增长点。更关键的是这家企业掌握了全球主要市场的供需数据以及竞争对手的竞品动态，在外贸大数据的有力支撑下，企业内部迅速调整系列产品线，扩大血氧监护产品产能，加快研发新冠肺炎病毒抗体抗原产品，通过做差异化营销来满足不同市场、不同消费群体的需求，并迅速赢得竞争。

## 四、商业洞察数据化

通过外贸大数据可以轻易知晓公司背景、企业信用、财务状况、成立时间、经营规模、采购量价、采购周期、采购对象等，而这每一项数据都会为商务工作的推进提供助力。

## （一）价格锚定

基于对外贸大数据精准成交价格的分析，可以系统感知过去一段时期全球主要市场的价格波动区间；可以快速掌握目标市场采购商及竞争对手的最新成交价格；可以深刻感知市场未来的价格走势，从而识别出具有价格优势及空间的市场。另外，企业还可针对特定客户实施更加准确的报价，以确保在良好合作基础上有合理的利润空间。

例如一家浙江大型企业，通过展会接触了美国一家行业内排名非常靠前的专业买家，每年采购量很大，双方有非常广阔的合作空间，但外贸团队用各种方式持续跟踪了几年，通过各种样品展示和宣传，对方虽然知道其产品的品质和实力，但一直没有大规模采购。这种情况说明一定在某个环节出现了问题，但问题出在哪里企业并不清楚。后来企业通过对其采购数据进行分析，找到了问题的关键，原来这个买家在 2018 年之前一直从几家国内供应商采购，但从 2018 年就开始从越南采购。于是企业再结合越南出口数据对买家采购价格进行分析，发现该买家采购价格要稍低于一直以来企业外贸团队给予的报价。企业对这几个关键信息综合研判得出以下结论：此客户对中国产品认可度很高（2018 年以前一直从中国采购），并且依然保持着稳定的巨大采购量（买家采购数据可知），但由于中美贸易战加征关税，成本的增加让买家不得不放弃中国的产品，转而从越南采购。于是该企业在核算客户整体采购能力以及成本利润的基础上，制定了按照采购量大小分级报价的策略，最终拿下了这家美国头部客户。

## （二）客情维护

客情维护是一个企业必须要面对的课题，良好的客情关系对成交、续约的达成作用不言而喻，而良好客情关系维护的基础条件就是掌握足够多的客户信息，但客户信息不会自动显示，它的密码蕴藏在丰富的数据中，比如通过外贸大数据企业可以掌握所有客户全链路的采购体系，包括目前客户有多少家供应商、现有供应商有哪些特点、这些供应商还面向哪些潜在客户等，这些丰富立体的数据，使外贸企业的客情维护变得精准而可以预测。

例如，一家做医疗器械企业，他们有一家墨西哥的客户，这个客户的采购量占到其工厂产能的70%，两家企业的业务负责人私交也很好，墨西哥客户的孩子在美国留学，他们去美国探亲的时候会联系墨西哥的客户一起去美国小聚，两个家庭之间的关系也处得像朋友一样。但是2020年6月份的时候墨西哥客户以收到了其他工厂相对更低的报价为由要求降价，因为在这之前也有遇到过这种情况，但是并没有影响他们之间的合作。基于以往的经验和两人亲密的关系，他们认为这个墨西哥客户绝对不会转单，所以这次的降价请求并没有引起足够的重视。但是8月份墨西哥客户订单量就开始下降，订单量的下降直接响了工厂的生产计划，他们通过数据监测发现，墨西哥这个客户的确在中国又找了另外一家供应商，采购的价格比之前的价格每吨降了50美金。有了客观的数据做依据，他们很快制订了策略，把墨西哥的客户重新做起来，以解决最棘手的工厂产能过剩问题。这个事件让他们认识到大客户维护的重要性，同时也认识到大客户单一化的不可预测性。在解决该事件的过程中，他们通过全球交易数据发现该产品的主要出口国家并不仅仅局限于墨西哥，于是开始利用数据既做客情维护又做客户开发。由于有墨西哥大客户合作关系与客情关系的背书，新客户对他们也会更加信任，所以他们开发新客户的步伐就显得更为稳健，在战略层面实现以客情关系维护带动客户结构优化的目标。

## 五、外贸管理数据化

进入21世纪，数字化时代的浪潮奔涌而至，企业最大的财富不再是简单的人才，而是所拥有的数据，对外贸企业而言当外贸大数据成为各个企业的标配，那么企业对数据的管理水平就构成了其核心竞争力。很多优秀的企业率先行动起来，他们利用外贸大数据建立客户数据库，详细记录每一个已合作客户、待合作客户，甚至已流失客户全生命周期的采购数据，真正实现从客户角度出发，改进工作效率，提升工作技能。

例如一家做食品添加剂的浙江企业，以前他们参加完展会最头疼的就是处理手头的名片资料，每次往往会花一两个月时间，经过多次筛选和尝试才能确定出几家准意向客户，但是这样的准意向客户总是因为价格、货量等多种因素而夭折，成功率极低。现在他们已经能够娴熟地利用数据建库，基本可以做到在展会当天便能通过数据筛选和比对收集到的客户信息，综合客户的交易价格、主要采购产品、供应商更换频率、成立时间、交易频率等进行客户评级，如果有判定为 A 级的客户，展会期间就发出精准邀约进一步提升合作概率，从而大大节省时间、人力以及财务成本。

第九篇

# 企业案例

# 复星医药：做中国医药行业国际化引领者

复星医药集团是中国领先、创新驱动的国际化医药健康产业集团，秉承"创新转型、整合运营、稳健增长"的发展模式以及可持续发展理念，致力于成为全球医疗健康市场的一流企业。

## 一、海外研发、临床管线布局

近年来，复星医药集团加快海外布局，致力为全球患者提供质量过硬、可负担的创新药，产品涵盖代谢消化系统、抗肿瘤、抗感染、中枢神经系统、心血管及血液系统等领域。公司正在强化建设全球研发中心，招募海外临床研究团队，实现创新药产品的全球临床开发。

截至 2021 年 6 月底，在研项目中，控股子公司上海复宏汉霖的 7 个生物创新药，共 9 个适应症，分别在美国、澳大利亚及欧盟等国家开展临床试验；另外有 6 个小分子创新药 7 个适应症获得国外临床试验许可，在美国、澳大利亚等地开展临床 I 期试验，包括控股子公司重庆复创的 SAF189、FCN437c、FCN338，复星医药产业的 FN1501、FCN159 以及弘创的 ORIN1001 等，其中 ORIN1001 项目获得美国 FDA 快速通道审评认证，FN1501 获得美国 FDA 治疗急性髓性白血病（AML）的孤儿药资格。

2020 年，控股子公司复宏汉霖研发的生物类似药注射用曲妥珠单抗（欧盟商品名 Zercepac©）在欧盟成功获批上市，打破了国产生物类似药出海的壁垒，是首个经国际为中心 III 期临床试验评估的国产生物类似药。未来复星医药集团将通过积极开展更多的海外临床试验、国际注册与认证加快国际市场准入进程。

## 二、海外销售、国际商业体系布局

复星医药集团持续强化营销体系的建设与整合，已形成与现有产品及拟上市产品相配套的分线营销体系，并秉承专业化、品牌化及数字化的战略方向。截至 2021 年 6 月底，复星医药集团已拥有一支近 6000 人的商业化团队，围绕主要产品线划分多个事业部，覆盖超过 2000 家三级医院，10000 家一二级医院。

其中创新药品营销队伍约有 1500 人、OTC 及线上渠道新零售团队约有 1000 人、非洲及欧美专业营销团队约有 1000 人，及配合临床医学、市场准入、品牌推广等支持体系，以实现创新品种的高效研发转化，打通现有产品矩阵，并服务于未来更多创新药品及综合治疗方案的落地。

复星医药集团医疗器械板块已建成布局全球、直销分销相结合的营销网络。截至 2021 年 6 月底，Breas 销售网络主要覆盖欧洲、美国、中国、日本和澳大利亚；复锐医疗科技（Sisram Medical）营销网络覆盖全球 90 多个国家及地区，其中包括 7 个直销地区。

## 三、国际化生产体系

截至 2020 年底，复星医药集团国内制药成员企业 10 余个原料药通过美国 FDA、欧盟、日本厚生省和德国卫生局等国家卫生部门的 GMP 认证，桂林南药有 1 条口服固体制剂生产线、3 条注射剂生产线通过 WHO-PQ 认证检查，药友制药有 1 条口服固体制剂生产线通过美国 FDA 认证，一条注射剂生产线通过加拿大卫生部认证，万邦医药有 1 条冻干无菌生产线通过欧盟 cGMP 认证，1 条口服制剂生产线通过美国 FDA cGMP 认证，复宏汉霖有 1 条无菌生产线通过欧盟 cGMP 认证，印度制药成员企业 Gland Pharma 有 3 个制剂生产场地多条无菌生产线通过美国、欧盟、日本、澳大利亚、巴西等药品 GMP 审计/认证。

2020 年度，复星医药集团医疗器械成员企业均符合新版的《医疗器械生产质量管理规范》，另有 9 家企业接受了国际 ISO13485：2016 认证，3 家企业通过了 ISO9001：2015 认证，6 家企业多个产品通过 CE 认证。复星诊断的新型冠状病毒核酸检测试剂盒已获得欧盟 CE 认证、美国 FDA 的紧急授权、澳大利亚 TGA 认证并进入 WHO 应急使用清单。同时复星诊断实验室通过了 CNAS 实验室认可年度复审。

## 四、国际合作

过去几年，复星医药集团在产品引进和对外许可方面均有令人瞩目的成绩。2020 年 3 月，子公司复星医药产业与 BioNTech 签订协议，获授权在中国大陆及港澳台独家开发、商业化基于其专有的 mRNA 技术平台研发的、针对新冠肺炎病毒的 mRNA 新冠疫苗，复星医药产业发展有限公司将负责推进该产品在中国大陆及港澳台地区的临床试验、上市申请、市场销售，并承担相应的成本和费用。不仅如此，双方还计划在国内投资设立合资公司，以实现 mRNA 新冠疫苗产品的本地化生产。此次合作充分体现了复星医药集团面对重大公共卫生事件时的敏锐性和高效的合作谈判能力。

2020 年 10 月，控股子公司重庆复创与礼来（Lilly）达成协议，将自主研发的 BCL-2 选择性小分子抑制剂在中国以外其他区域的独家研发、生产及商业化权利许可予授予礼来。此次合作充分显示出以复星医药集团为代表的国内药企的研发能力，已得到了跨国药企越来越高的认可和青睐。

此外，2018 年 12 月，复星医药产业与 Revance 签署许可协议，获得 Revance 在中国大陆、香港及澳门特别行政区独家使用、进口、销售及其他商业化（不包括制造）RT002 的权利。RT002 是注射用 A 型肉毒杆菌毒素，可用于美容适应症（如消除中度到重度眉间纹的适应症）以及治疗用适应症（用于颈部肌张力障碍治疗）。此次合作有利于丰富复星医药集团在医美领域的产品线，并为市场尚未满足的需求提供更多选择。

2017 年 4 月，复星医药产业与 CAR-T 细胞免疫领域全球领军企业 Kite

Pharma 达成合作，在上海成立复星凯特，双方各占 50% 股权。复星凯特获得了 Kite Pharma 的 CAR-T 细胞药物 YESCARTA© 技术授权，以及在中国大陆、香港特别行政区和澳门特别行政区的商业化权利。该产品是美国 FDA 批准的首款针对特定非霍奇金淋巴瘤的 CAR-T 细胞产品，于 2017 年 10 月获得美国 FDA 批准上市，目前已在全球近 40 个国家上市。复星凯特于 2020 年 2 月向中国药监局提交了该产品的新药上市申请，并于 2021 年 6 月获批，商品名"奕凯达"，通用名阿基仑赛注射液，这是中国首个上市的 CAR-T 细胞治疗产品。

## 五、未来发展

在中国医药创新转型升级的黄金窗口期，复星医药集团将在夯实中国市场地位的同时会继续其国际化战略，以"全球化思维"更加积极、快速地做好全球化、参与国际竞争，提升海外业务占比，实现全球商业化价值；聚焦美国、非洲、印度和欧洲海外市场，建设差异化的区域国际化能力；实行中美双总部及区域性总部策略，健全美国职能体系建设；加强国际运营一体化建设，实现研发和生产、市场和运营、人才和资本的全面国际化。

围绕肿瘤及免疫、内分泌及代谢、心血管、医美、体外诊断等领域，嫁接全球创新资源，通过自主研发、合作开发、许可引进、深度孵化、风险投资等多元化合作模式布局全球领先技术及高价值产品；加速欧美研发中心建设，加强全球临床和注册能力，提升研发效率，加快全球市场准入，推动创新技术和产品在全球的开发、转化和落地；积极推进成员企业国际化，鼓励企业参与美国、欧盟、WHO 等国际 cGMP 质量体系认证，打造符合法规市场标准的全球化制造体系；在国际化拓展上，强化内部资源协同，打造一体化国际营销体系，完善美国、欧洲子公司营销能力建设，扩大印度销售市场并建立覆盖全非洲的营销网络；通过并购国际化优秀企业，持续优化与整合医药产业链资源，加速国际化进程，提升全球竞争力，逐步成为中国企业国际化的引领者。

# 百济神州：让高品质中国创新药惠及全球患者

百济神州是一家立足科学的全球性生物科技公司，专注于开发创新、可负担的药物，为全球患者改善治疗效果，提高药物可及性。百济神州通过强化自主竞争力及与其他公司开展合作，致力于加速多元创新药物管线的开发进程。

## 一、开展全球多中心药物临床试验

目前，百济神州在全球范围内平行开展超过 110 个临床试验，其中包括 30 个关键性、有望实现注册的临床试验，覆盖五大洲，与超过 40 个国家和地区的监管部门进行监管互动和监督。现已招募全球患者和健康受试者超过 13000 人。

泽布替尼是一款由百济神州自主研发的布鲁顿氏酪氨酸激酶（BTK）小分子抑制剂，具备成为同类最优（Best-in-class）药物的潜力，目前正在全球进行广泛的关键性临床试验，已在美国、中国、阿联酋、加拿大及其他国际市场获批上市。截至目前，公司在全球范围内已开展了近 30 项泽布替尼单药治疗或联合用药的临床试验，包括 9 项注册性临床试验，共入组超过 3100 名患者，其中海外入组患者超过 2400 名。目前，泽布替尼已经在全球递交超过 30 项针对多项适应症的相关上市申请，覆盖全球超过 40 个国家或地区。

泽布替尼于 2019 年 11 月 15 日，以"突破性疗法"的身份，获美国"优先审评"批准上市。该药是首个在美获批上市的本土自主研发抗癌创新药，打破了我国抗癌药"只进不出"的局面，代表了国际最严药品监管机构对中国原创新药的肯定，在我国药物创新史上具有里程碑式的意义。2021 年 2 月，泽布替尼获得阿拉伯联合酋长国（UAE）卫生和预防部批准，用于治疗既往至少接受过一种治疗的成人套细胞淋巴瘤（MCL）患者。继美国和中国后，这是泽布替尼在全球范围内取得的第三个国家的新药上市许可，也是首个在新兴市场获得的批准上市。2021 年 3 月 2 日，泽布替尼在加拿大获批，用于治疗华氏巨球蛋白血症（WM）患者。泽布替尼是我国首个与外资药企同类药物开展全球性头对头 3 期优效性研究的本土新药，在 ALPINE 期中分析结果显示对比伊布替尼，泽布替尼用于治疗复发/难治性慢性淋巴细胞白血病/小淋巴细胞淋巴瘤（R/R CLL/SLL）成年患者，在研究的主要终点，即研究者评估的总缓解率（ORR），和安全性相关的关键次要终点均显示出了优效性。

替雷利珠单抗是公司自主研发的一款人源化 lgG4 抗 PD-1 单克隆抗体，设计目的是最大限度地阻断 PD-1 与 PD-L1 的结合，同时减少 PD-1 抗体与巨噬细胞中的 FcγR 结合新药替雷利珠单抗的全球合作也在正如火如荼地开展。替雷利珠单抗是最早在海外开展临床试验且全球临床试验数量最多的国产 PD-1 单抗，拥有全球临床试验数据。截至目前，替雷利珠单抗在全球共开展了 35 项单药治疗及联合用药的临床试验，包括 17 项注册性临床试验，累计入组 7700 多例患者，其中海外入组患者超过 2500 例。

帕米帕利是百济神州自主研发的一款 PARP1 和 PARP2 抑制剂，是目前已知唯一非药物泵 P-gp（P 糖蛋白）底物的 PARP 抑制剂。这是中国首款获批用于治疗涵盖铂敏感以及铂耐药复发性伴有胚系 BRCA 突变的卵巢癌患者PARP 抑制剂，也是百济神州第三款获得上市许可的自主研发抗癌新药。目前，百汇泽正在加速全球化进程，作为单一疗法或与其他药物联用进行全球临床开发，治疗多种恶性实体瘤截至 2021 年 5 月，共有 12 项临床试验在全球展开，覆盖中国、日本、美国、欧洲等多个国家和地区，治疗领域涉及卵巢癌、前列腺癌、乳腺癌、胃癌、胶质母细胞瘤等。迄今为止，全球已有 1200 多例患者入组帕米帕利临床试验。

## 二、License out 整合资源加速国际化

License out（项目授权交易）是一个企业研发实力的强有力体现。众多跨

国医药巨头就替雷利珠与百济神州开展合作，体现了该品种无限的发展潜力。2021 年 1 月，百济神州宣布与诺华公司就替雷利珠单抗在多个国家的开发、生产与商业化达成合作与授权协议，首付款高达 6.5 亿美元，总交易金额超过 22 亿美元。这是迄今为止首付金额最高的国内药物授权合作项目，创下目前国内单品种药物授权交易金额最高记录。

## 三、License in 扩充产品线，助力管线延伸

开展国际合作引进处在不同阶段的品种（License in），不仅扩充了产品线，更让公司管线储备从专注肿瘤延伸到其他领域，为百济神州未来不断持续高速发展赋能。

2018 年 11 月，公司与加拿大公司 Zymeworks Inc. 就其在研 HER2 靶向双特异性抗体药物 ZW25 和 ZW49 的临床开发和商业化达成了战略合作，百济神州获得这两个品种在亚洲（日本除外）、澳大利亚和新西兰的开发和商业化的独家授权，进一步丰富了肿瘤治疗产品管线。同时百济神州还获得了独家使用 Zymeworks 旗下 Azymetic™ 和 EFECT™ 平台在全球范围内研发及商业化至多 3 种其他双特异性抗体的权利。

2019 年 4 月，与 BioAtla©. LLC 就 BioAtla 在研 CAB CTLA-4 抗体 BA3071 的开发、生产和商业化达成全球联合开发和合作协议。百济神州与 BioAtla 共同享有开发和生产候选药物的全球独家授权，同时独家拥有对候选药物全球商业化的授权。

2019 年 11 月，公司与全球生物制药巨头安进公司签署全球范围的战略合作协议，百济神州以不超过 12.5 亿美元的总价获得安进 3 个已上市产品的中国区权益，20 个肿瘤开发管线的中国区权益，是迄今为止本土生物科技公司和全球生物制药企业之间金额最大、涉及产品与管线药物最多的交易。

2019 年 11 月，与 Seattle Genetics 就先进临床前候选药物达成全球许可协议，百济神州获得该候选药物在亚洲（除日本以外）以及世界其他国家的独家开发与商业化权利。

2020 年 1 月，百济神州与 Leap Therapeutics 就 DKN-01 达成独家选择权和授权许可协议，获得在亚洲（日本除外）、澳大利亚和新西兰开发和商业化 DKN-01 的独家授权许可。2020 年 1 月，百济神州与 EUSA Pharma（签署 SYLVANT©（司妥昔单抗）及 QARZIBA©（dinutuximab beta）在大中华地区的独家开发和商业化协议，获得在大中华地区开发和商业化 SYLVANT©、在中国大陆独家开发和商业化 QARZIBA©的权利。

广泛的国际合作不仅体现在管线的引进和授权上，开展联合用药的临床试验也是一种常见的模式。这种模式不仅为找到更高疗效、更低毒性的新药提供可能，而且还为药品拓展了新的适应症，扩大了药品的使用范围。

2018 年 1 月，公司引进 Mirati Therapeutics 的品种 sitravatinib，在中国和获得授权的其他地区开展对 sitravatinib 与替雷利珠联合用药的研究。2018 年 9 月，与 SpringWorks Therapeutics 达成全球临床合作协议，评估百济神州在研 RAF 二聚体抑制剂 BGB-283 与 SpringWorks Therapeutics 在研 MEK 抑制剂 PD -0325901 的联合疗法在晚期实体瘤患者中的安全性、耐受性和初步疗效，探索这项联合治疗对携带 RAS 突变患者的潜在益处。2018 年 10 月，公司与 MEI Pharma，Inc. 达成临床合作协议，双方将共同对 MEI 在研 PI3K delta 抑制剂 ME-401 与百济神州在研 BTK 抑制剂泽布替尼联合治疗 B 细胞恶性肿瘤患者的安全性和疗效进行评估。2019 年 6 月，百济神州与 SpringWorks Therapeutics，Inc. 共同成立 MapKure，LLC 专注开发在研高选择性的新一代 RAF 激酶抑制剂 BGB-3245。2021 年 2 月，Boston Immune 与百济神州计划进行该公司品种 TNFR2 抗体 BITR2101 与替雷利珠的联合用药的临床试验。

## 四、国际化发展规划与战略

发达国家市场一向是传统跨国医药巨头必争之地，包括百济神州在内的几个国内创新药企，也已经在发达国家开展多中心临床试验，布局商业化团队。但是仍能看到很多发展中或者欠发达国家是被创新药遗忘的角落。百济神州既希望立足和拓展发达国家市场，也更关注发展中国家的创新药可及性问题，期望实现"两翼齐飞"。我们希望百济神州在下一个十年成为全球药物开发和商业化的领军企业，使质量高、疗效佳、可负担的创新药物再多惠及全球 20 亿人口。

公司致力于成为"新市场"的先行开拓者。过往，许多未被传统医药公司重视的"新市场"存在着大量尚未被满足的医疗需求，百济拥有强大的临床后期管线，并积极致力于在"新市场"提升临床开发与商业化能力。未来五年，公司将进一步计划在"新市场"扩展产品管线以支持新市场的增长，加快实现创新药物的可及性和可负担性。

美好的愿景还要靠脚踏实地的实践来实现。药品的质量是核心，首先应该一如既往重视质量标准，继续保持开发出符合全球质量标准，能在多个市场获得上市批准的创新药生产能力。在制造方面，公司在苏州、广州建立了先进的小分子及大分子生物药生产基地以支持全球运营。未来，百济神州还计划在中国以外建立生产中心，打造多元化的全球供应布局，不断广泛拓展国际业务发展机会，为产品打开国际市场，提高可及性提供更多可能性。百济神州始终在为"要给中国人做最好的抗癌药，同时也要作为中国人给全世界做最好的抗癌药"而努力。

# 迈瑞医疗：广阔的全球医疗器械市场大有可为

迈瑞医疗成立于 1991 年，经过 20 年的国际化发展，形成了庞大的全球化研发、营销及服务网络，成为中国最大、全球领先的医疗器械以及解决方案供应商。

目前，迈瑞医疗的产品和解决方案已经应用于超过 190 个国家和地区，赢得了包括美国、英国、德国、法国、荷兰、意大利、西班牙等国家医疗机构的认可。

## 一、疫情下取得突破

2020 年，迈瑞医疗牢牢抓住疫情带来的机遇，监护、检验、超声产品和整体解决方案进入了更多的高端医院、集团医院和大型连锁实验室，实现了区域内众多空白高端客户群的突破，未来在新兴国家市场这一增长有望加速。

2020 年，通过过硬的产品质量和专业的本地化售后支持，迈瑞医疗在国际市场完成了 700 多家高端客户的突破，超过了历年国际市场高端客户数之和，完成品牌推广比原计划提前了至少五年时间。迈瑞医疗的产品在临床上的高适配性以及专业的交付装机和临床支持，也使得这 700 多家高端客户已全面认可了其品牌价值和产品竞争力，对于未来实现更多产品的渗透有着深远的意义，同时也极大提升了迈瑞医疗品牌在当地政府和民众中的影响力。

在北美，迈瑞医疗成功地实现了更多高端客户群的突破，包括美国佛蒙特中部医疗中心等。在欧洲，迈瑞医疗突破了 100 多家高端客户，并且是从整个医院层面的、大范围的、全方位突破。在新兴国家市场，迈瑞的产品和解决方案也进入了更多的高端医院、集团医院和大型连锁实验室。在院外市场，迈瑞医疗实现了与全球各种急救和医疗机构的合作。在欧洲多国，迈瑞医疗不遗余力地普及 AED 的使用和操作；在中国，据不完全统计，迈瑞医疗的 AED 已经在多种场合挽救了 66 个病人。

在坚持自身产品高标准高质量的同时，公司也积极参加国内外行业标准的制定工作；以严标准补足发展短板，以高标准引领公司高质量发展，为规范和促进行业发展贡献力量。目前，迈瑞医疗参与制修订并发布的有：国际标准 2 个、国家标准 5 个、行业标准 34 个；参与制定进行中的有：国家标准 5 个、行业标准 15 个，包括《医用电气设备可靠性技术通用要求》等 4 项标准。

## 二、发挥优势助力全球抗疫

2020 年新冠肺炎疫情暴发初期，迈瑞即通过客户行为、需求等信息，敏锐地洞察到市场变化，并第一时间组建内部应急领导组，确定应急工作流程，在"供应链、生产、物流、交付、装机、培训"等环节，针对疫情进行相应部署。同时，发挥公司过去近 30 年在研发、多产线布局、营销、供应链等领域积累起来的优势，集中前、中、后台资源，快速支援"战疫"一线，产品和服务经受住了严苛的考验，并获得了国内外客户的认可。为助力全球抗疫，迈瑞医疗将疫情相关产品的产能提升数倍。

2020 年，迈瑞医疗向全球供应超过 50 万台设备用于抗疫，其中发往海外超过 20 万台，在保障设备的交付、安装、培训、售后支持等一系列服务的同时维持产品原价，极大地提升了公司在全球各地医院、政府和民众中的影响力。在意大利，迈瑞医疗响应意大利卫生部需求，针对当地急需打造危重症及重症床位的挑战定制了医疗设备解决方案，15 天内完成生产、临床、物流全方位调度，向意大利交付首批设备，包括监护仪 5000 多台、呼吸机 400 多台。在巴西，迈瑞医疗有序交付近 3000 台医疗设备，包含监护仪 1700 多台、呼吸机 700 多台、麻醉机 110 多台、超声设备 130 多台。在俄罗斯疫情较为严重阶段，中俄航班几乎处于停飞状态。经多方协调，公司最终将物资设备及支援人员准时运抵，作为主要供应商，为效仿火神山、雷神山经验在莫斯科新城区建设的专门用于收治新冠肺炎患者的医院提供了 3000 多台设备。

在助力全球"战疫"中，作为国际化运营的中国公司，迈瑞成为首家线上连接国内外抗疫医院的桥梁，第一时间向全球分享中国宝贵的抗疫经验，引起了极大的反响。团队一步一步从闭门会议到网络研讨会直播，从重症治疗、肺部超声、检验诊断等临床话题到"中国方案，世界分享"的医工医管网络研讨会，让奋战在一线的专家们能够就新冠肺炎病毒实验室检测、生物安全防护、呼吸支持、院感控制、病人隔离等关键话题分享经验，互相借鉴。2020 年全年，公司及子公司参与举办了超过 200 场网络研讨会，全球超过 140 个国家和地区的百余万医护人员在分享中获得了非常实用的专业经验，极大地提升了迈瑞的品牌知名度和影响力。

## 三、全球研发体系

迈瑞医疗采取自主研发模式，目前已建立起基于全球资源配置的研发创新平台，设有九大研发中心，共有 3070 名研发工程师，占比 25.94%，分布在深圳、武汉、南京、北京、西安、成都、美国硅谷、美国新泽西和美国西雅图。第九个研发中心——武汉研究院项目的建设工作进展顺利。迈瑞医疗注重通过专利来保护自主知识产权，截至 2020 年 12 月 31 日，共计申请专利 6412 件，其中发明专利 4552 件；共计授权专利 3165 件，其中发明专利授权 1561 件。

2020 年，迈瑞继续保证高研发投入，全年研发投入 20.96 亿元，同比增长 27.04%，占同期总营业收入的 9.97%，产品不断丰富，持续推陈出新，尤其在高端产品方面不断实现突破。2020 年，迈瑞医疗推出了一系列能为医护人员创造显著临床价值的创新产品和解决方案。

## 四、国际商业体系布局

截至 2020 年 12 月 31 日，公司营销人员有 3440 人。公司在国内超过 30

个省市自治区设有分公司；在境外超过 30 个国家拥有子公司，产品远销 190 多个国家及地区。已成为美国、英国、意大利、西班牙、德国、法国等国家的领先医疗机构的长期合作伙伴。

公司在美国以直销为主。公司在美国拥有自己的销售团队，直接从终端客户获取市场信息，通过投标、商业谈判等方式获取订单，并与客户签订销售合同销售商品。直销产品覆盖各个级别的医疗机构，包括大型医疗集团、医联体、私立医院、私人诊所、私人手术室、大学医院、专科医院、GPO 采购组织等。公司在欧洲地区，根据不同国家的行业特点，采取直销和经销共存的销售模式，部分国家以经销为主。公司在其他国家和地区主要采取经销为主、直销为辅的销售模式。

在新兴市场国家，公司已建立起广泛的营销网络覆盖，通过复制在中国积累起来的管理和经销经验，结合本地化建设，市场份额和品牌地位快速攀升。

国际市场从 2020 年 3 月开始进入疫情高峰期，在国内疫情缓和之后，公司相关抗疫设备的产能和交付开始向国际市场倾斜。公司在此次新冠肺炎疫情引发的应急采购中大量拓展了海外高端客户群，迅速提升了公司的品牌影响力。凭借高品质的产品和服务，使新突破的高端客户全面认可了迈瑞的品牌价值和产品竞争力，为公司未来全球化拓展打下了良好的基础。

## 五、海外并购

公司深谙医疗器械行业的发展逻辑，走稳技术创新和并购整合两条路径，国内外均衡布局，力争在未来成为世界级领先的医疗器械企业。并购是公司的成长策略之一，公司在过去数年进行了多起并购，2008 年，公司并购美国 Datascope 的监护业务；2011 年至 2013 年，公司并购深科医疗、苏州惠生、浙江格林蓝德、长沙天地人、杭州光典、武汉德骼拜尔、上海医光、美国 Zonare、澳大利亚 Ulco、北京普利生；2014 年，公司并购上海长岛。2021 年宣布拟收购瑞典 Hyest，以进一步加强体外诊断产品及原料的核心研发能力建设，优化上下游产业链的全球化布局。

自 2008 年开启全球并购之路以来，公司不断构建并夯实全球研发、营销一体化平台；并购经验丰富，在并购效率、标的数量特别是整合深度上均领先国内同行业，获得了超越同行的产业并购整合经验和能力。未来几年，公司计划结合全球各主要市场特点及发展机会，进一步优化强融合、可复制、高成长性的并购整合平台，通过具备战略前瞻眼光的并购交易，整合全球范围内的全产业链前沿技术、提升现有业务在中高端市场的综合竞争力，加大成长型业务的市场份额，同时在新业务领域不断进行探索，寻找进一步的持续增长空间。投资并购布局将强调地域差异化，积极应对各地政治经济形势和医疗健康产业趋势变化，有节奏有重点地探索国际主要市场本地化运营平台及供应能力建设。

# 绿叶制药：以创新为路径，以国际为标尺，在产业创新浪潮下全力跃迁

中国药企正在全球制药舞台上展开一场突围。

一方面，自 2017 年中国加入 ICH 以来，国内医药产业接轨国际最高标准，置身全球格局参与竞争；另一方面，科技部主导的"重大新药创制"于 2020 年圆满收官，中央财政投入 233 亿元，累计支持 3000 余个课题，取得丰硕创新成果。

在上述产业发展浪潮下，多年来以"创新"与"国际化"为企业发展支点的绿叶制药，也逐渐迎来其收获期。仅在 2021 年，绿叶制药便有多个新产品上市惠及患者：公司迎来国内首个自主研发、开展全球注册的创新微球制剂瑞欣妥®（注射用利培酮微球（II））的上市，公司首个生物药博优诺®（贝伐珠单抗注射液）在华获批上市，公司开发的创新药利斯的明透皮贴剂（多日贴）在欧盟多国获上市许可资格。

围绕"全球研发、全球制造、全球市场"三大战略重心，绿叶制药积极开展与全球商业伙伴的各项合作，联合各方在全产业价值链上的资源优势，公司业务现已遍及全球 80 多个国家和地区。本土药企如何在国际上提升核心竞争力，绿叶制药正在书写自己的答案。

## 一、全球研发：十多个品种开展国际注册和临床

伴随着中国制药创新步入"快车道"，较为成熟的本土药企倾向于去美欧日等发达国家和地区的生物药研发创新市场中寻找机会，为国产创新药打入国际市场作准备。

作为最早在海外开展新药注册的中国企业之一，绿叶制药早在 1998 年便

成立国际合作部，其国际化发展目标日渐清晰。时至今日，绿叶制药已将创新的"触角"延伸到欧美日发达国家，在中国、美国和欧洲均设立研发中心，整合全球研发资源，提高创新能力。

目前，绿叶制药在海外拥有超过600件专利，有效申请专利超100件，现有10余个创新制剂及创新药正在美国、欧洲和日本开展不同阶段的注册临床研究，其中多个已进入后期临床和新药上市申请阶段（NDA）。

基于新型制剂平台研发的瑞欣妥®（注射用利培酮微球（Ⅱ））已在中国获批上市，在美国处于新药上市申请阶段；利斯的明透皮贴剂（多日贴）在欧盟多国获得新药上市许可资格；注射用罗替戈汀缓释微球在中国、美国处于Ⅲ期临床、在日本完成Ⅰ期临床。

基于创新化合物平台研发的Ⅰ类抗抑郁新药盐酸安舒法辛缓释片在中国和美国均处于新药上市申请阶段，在日本完成Ⅰ期临床研究。

基于生物抗体平台，由绿叶制药集团控股子公司博安生物研发的生物药博优诺®（贝伐珠单抗注射液）已在中国获批上市；治疗新冠肺炎的创新抗体产品——LY-CovMab已在中国完成Ⅰ期临床试验，并即将在中国、美国、欧洲同步启动Ⅱ期临床，加快推动其全球研发进程。

## 二、全球制造：建设完善的全球供应链体系

全球制造方面，公司现已建立起先进理念的供应链架构体系，事实上，早在1999年，绿叶制药便已将按照欧美GMP标准设计的新厂房投入使用。从20世纪末国内医药工业的整体发展背景来看，这一做法在彼时是相当超前的。

以欧盟现场检查为例，作为全球最严格的GMP检查之一，即使是现在，其质量管理体系的要求尤其是无菌制剂也令许多国内外制剂企业望而却步，能通过检查的更是凤毛麟角。而绿叶制药坚持以国际质量规范为标尺，致力于为全球患者提供高品质药物，国际高质量标准逐渐成了绿叶制药的"基因"，绿叶制药的全球制造之路也越走越宽。

目前，绿叶制药在全球拥有 8 大生产基地和超过 30 条生产线，逐步建立起从前端原辅料战略供应到终端输送至患者的全覆盖供应链网络。

## 三、全球市场：内生外延双管齐下，完善国际商业运营体系

在行业竞争国际化的当下，除了在研发、制造端发力，国内药企还面临着整合国际资源、拓宽国际市场的考验。绿叶制药积极开展与全球商业伙伴的各项合作，通过"内生增长"与"外部合作"双管齐下的发展模式，联合各方在全产业价值链上的资源优势，为公司添加了更多加速发展的新动力，不断提升其在全球市场的核心竞争力。

2016 年，绿叶制药完成收购瑞士制药集团 Acino 的透皮释药业务，市场拓展至欧美主流国际市场；2018 年，公司收购阿斯利康的抗精神病药物思瑞康及其缓释片在 51 个国家和地区的业务，实现了更多高潜新兴市场商业覆盖；2020 年起，公司围绕思瑞康及其缓释片的推广和分销权益，与多家全球合作伙伴在南非、拉美、亚太等市场达成合作；2021 年起，公司携手合作伙伴加快推进治疗阿尔茨海默症创新制剂利斯的明多日透皮贴剂在各大国际市场的开发及商业化进程。

借助多年来的国际市场布局，绿叶制药不断完善其海外商业运营体系：公司已在英国、东南亚、中东、北非组建起自营销售队伍，并与海外数十个公司建立了合作伙伴关系，业务遍及中国、美国、欧洲、澳洲、日本、韩国等全球主要医药市场及新兴市场，公司持续强化国际化商业体系，保障现有产品销售的同时，更为后续新药上市铺设好基础。

# 齐鲁制药：从"引进来"到"走出去"，国际化步伐扎实有力

创新与国际化是齐鲁制药保持长期高质量增长的不竭源泉。早在 20 世纪 80 年代，齐鲁制药就提出了"国内有名，国外有声"的响亮口号，1996 年 9 月 18 日，中意合资齐鲁安替比奥制药有限公司破土动工，成为齐鲁制药国际化战略的里程碑事件。

多年来，齐鲁制药始终坚持国际化发展战略，对外合作层次不断提升，持续拓展国际业务的广度和深度，国际化水平位居行业前列。如今，"建成中国最强大的医药企业，跻身世界医药强者之林"被正式确立为齐鲁制药的发展愿景，嵌入企业思想文化体系中，成为国际化战略的文化支撑。

## 一、出口：走向高端法规市场

近年来，齐鲁制药产品出口逐渐由原料药向制剂产品拓展，制剂产品不断实现包括美国、英国、德国、日本等在内的高端市场出口突破。截至目前，公司产品已出口至全球 80 多个国家和地区，与辉瑞、诺华、默沙东、晖致等世界知名企业建立了良好的合作关系。头孢菌素、碳青霉烯类、β 内酰胺酶抑制剂等 12 种人用原料药全球市场占有率第一。多个制剂产品在美国、英国、欧盟、日本、澳大利亚等地的市场占有率第一，有的高达 95%。是中国首家实现对日本出口商业化包装无菌制剂的企业，也是国内唯一一家制剂规模化出口美国、欧盟、日本、加拿大和澳大利亚等高端市场的中国制药企业。

齐鲁制药严格执行与国际接轨的高标准 GMP 生产体系和质量体系，执行高于国家标准的内控标准，精细生产工艺，严格质量管理，全员全过程贯彻实施 GMP 标准，国际领先的检测仪器和检测技术保障质量的稳定和优良。不

仅是首批通过国家食品药品监督管理总局新版 GMP 认证企业之一，而且通过了美国、英国、欧盟、日本、澳大利亚的无菌制剂认证，是 WHO 无菌注射剂预认证企业。

## 二、研发：创仿结合，以创为主

近年来，为适应新时代中国医药产业高质量发展的需要，齐鲁制药适时调整发展思路，创新研发战略，实现了由"仿创结合，以仿为主"到"创仿结合，以创为主"的转变，着力推动"科技齐鲁"升维，在世界医药产业领域努力实现从"跟跑"到"并跑"，再到"领跑"，加速迈向世界一流。

一方面，紧跟国际创新药物发展趋势，在肿瘤、感染、肝病、自身免疫、代谢疾病等未被满足的重大疾病治疗领域，持续开发"全球新""全球好"药物。公司目前在研创新药物项目 60 余项，已有十余项进入临床研究阶段，Ⅰ类抗癌新药依鲁奥克已经申报生产，预计明年获批上市。

另一方面，鉴于我国 14 亿人口的巨大人口基数，齐鲁制药加强对具有高临床价值的高品质非专利药的研发，努力打破进口药品的垄断，实现进口替代，切实提高百姓用药可及性。目前在研产品达 200 余项。这些项目致力于寻找具备临床优势的关键点，为临床提供更优的选择；同时加紧高技术壁垒非专利药的开发，着力打破关键的共性技术壁垒，尽快满足国内患者对高端制剂用药的需求。此外，公司还不遗余力地持续对老产品进行二次创新、后续创新，不断提高产品临床价值，在新药物组合、新剂型、新适应症、新工艺、新晶型、新给药技术等方面持续创新，开发出一系列国内领先的产品或技术。

为配合这一战略的实施，公司自 2014 年起就构建了由美国西雅图、旧金山、波士顿，中国上海、济南等五大研发中心组成的全球研发体系，形成以集团为战略决策核心，以齐鲁创新药物研究院、齐鲁生物技术开发研究院、齐鲁药物研究院为创新管理和开发主体，以中美五大研发中心为源头，以各子公司为产业化主体，涵盖化学药物和生物技术药物的早期发现、开发与产业化的完整创新开发体系。

## 三、多方位国际合作，促药物创新开发

从外部引进创新药已成为齐鲁制药扩充产品管线的重要方式之一。2020年7月，齐鲁制药获得 Sesen Bio 公司 Vicineum 在大中华区的独家权益，Vicineum 是一款多肽融合蛋白药物。

2021年2月，齐鲁制药获得 Cend 公司在研药物 CEND-1 在大中华区的独家开发和商业化授权，CEND-1 是一种能够与神经菌毛蛋白结合的多肽，可同多种抗肿瘤药物联用，提高抗肿瘤药物的疗效。目前，Cend 公司正在计划进行 CEND-1 针对胰腺癌的注册临床试验，并将探索该药与其他疗法的组合用药研究等；

2021年4月，齐鲁制药引进韩国 Peptron 公司一款靶向 MUC1 的抗体偶联药物（ADC），齐鲁制药获得这款在研药物的独家授权，在全球范围内开发、生产、销售和商业化 PAb001-ADC 用于癌症治疗。引进创新药物，整合全球优质资源，扩宽了齐鲁制药在创新药领域的产品管线，促进了齐鲁制药创新与国际化战略的实施。

## 四、厚积薄发，系统创新优势助力企业迈向世界一流

经过几十年的发展，齐鲁制药积累起了系统的综合优势。齐鲁制药始终把自身发展融入国家医药产业战略并坚持在国家医药产业体系中谋篇布局，同时以开放思维在全球产业分工体系中进行精准角色定位，与国家需要同频，与世界医药产业动态与模式接轨，实现了高质量发展，打造出一套由领先的创新研发体系、精益生产体系、精密质量控制体系以及精准高效市场服务体系组成的产业生态。

向世界一流药企的目标迈进，最关键的是研发创新能力。齐鲁制药构筑起了具有鲜明特色和优势的创新研发体系。

一是投入巨资建成了先进的各类科研平台和药物开发技术平台。公司目前拥有小分子药化精准设计平台、单克隆抗体、双特异性抗体、抗体组合（MabPair）、溶瘤病毒、ADC、纳米药物递送等核心技术平台；拥有业界最先进的生物技术药物研发工艺开发、质量研究、产业化技术与平台。公司拥有国内药企首台单细胞光导系统。小型生物反应器群、多条500L规模不锈钢生物反应器中试生产线、500L规模一次性生物反应器中试生产线、各型高分辨质谱仪、表面等离子共振分析仪、圆二色谱分析仪、各型先进的超高效液相色谱仪、毛细管电泳仪、成像毛细管等电聚焦分析仪，藉此不断布局完善的产品线。

二是广揽各类人才，目前齐鲁制药拥有专职研发人员3000余人组成的高素质创新研发人才队伍，其中具有国际视野的各类领军人才超过百人，创新药物研发板块拥有博士学历的占31%。

三是公司还与众多知名高校及科研院所广泛合作：企校携手从早期介入，进行各类靶点和项目研究；展开多维度、多领域的科技创新合作；与全球范围多中心同步开展临床研究，致力于服务全球患者。

四是拥有国内领先的生物医药产能，单罐细胞培养规模国内最大，总细胞培养规模国内领先，解决了生物药物生产的产能瓶颈，可为临床一线及时、足量提供急需的生物技术产品。

五是持续加大研发投入，公司近年来研发投入占比持续提高，由几年前占销售收入的5%~8%快速提到目前的8%~10%。公司研发投入从2017年的12亿元猛增到2020年的26.5亿元，增长了1.2倍。2021年，集团研发投入将占销售收入的11.8%，为39亿元。

# 华大集团：基因科技造福人类

华大集团成立于 1999 年，是全球领先的生命科学前沿机构，以"产学研"一体化的发展模式引领基因组学的创新发展，通过遍布全球 100 多个国家和地区的分支机构，与产业链各方建立广泛的合作，将前沿的多组科研成果应用于医学健康、资源保存、司法服务等领域，并为精准医疗、精准健康等关系国计民生的实际需求提供自主可控的先进设备、技术保障和解决方案。切实推动基因科技成果转化，实现基因科技造福人类。

## 一、助力全球抗疫

2020 年新冠肺炎疫情暴发，基因技术广泛应用于病毒基因组序列组装与鉴定、病毒变异监控、疑似病例检测与确诊等肺炎防控关键时刻，成为疫情防控的关键科技力量。华大集团根据全球不同抗疫场景需要开发的一整套集病毒发现、变异监测和大规模筛查为一体的"火眼"实验室综合解决方案，以超高工程化、自动化、标准化、信息化能力驰名全球，在世界多国成为中国科技抗疫的标志。

### （一）新冠病毒检测试剂

华大基因研发的两款新冠病毒核酸检测试剂盒及分析软件，是中国首批通过国家药监局应急审批程序获准上市的检测产品。目前，华大基因已完成多款新冠病毒检测试剂盒研发，包括核酸检测试剂盒、抗体检测试剂盒、抗原检测试剂盒、快速核酸检测试剂盒以及突变检测试剂盒，相继获得了多个国家和地区的相关资质及认证，新冠病毒、甲型流感病毒及乙型流感病毒三联检测试剂盒也已获得欧盟 CE 准入资质。

其中，华大基因研发的新冠病毒核酸检测试剂盒（荧光 PCR 法）已陆续获得欧盟、美国、日本、澳大利亚、新加坡、加拿大和巴西等 14 个国家和地区的相关资质及认证，具备了在这些国家和地区上市销售的资质。华大基因试剂盒也是中国第一家获美国 FDA EUA 权威认证和日本 PMDA 认证的抗疫产品。

2020 年 5 月 7 日，华大基因的新冠病毒核酸检测试剂盒（荧光 PCR 法）已被列入世界卫生组织应急使用清单（WHO EUL），是率先入围的中国企业产品。这意味着 WHO 对华大基因产品质量的认可和肯定，可为 WHO 成员国和各意向采购方提供采购依据，有利于进一步提升公司产品的国际竞争力，在全球范围内助力新型冠状病毒感染的肺炎疫情防控工作。

### （二）新冠病毒检测实验室

截至 2020 年底，华大基因已累计在海外运营"火眼"实验室超过 80 个，分布在全球近 30 个国家及地区，致力于为各个国家和地区的公众健康作出积极贡献。截至目前，全球已启用的"火眼"实验室最大日检测通量超过 100 万人份，在全球范围助力新冠肺炎疫情防控工作。"火眼"实验室从设计、测试、运行、人员培训及实验所需的配套核心技术产品均由华大主导，采用华大基因自主研发的检测试剂，装备华大智造自主研发的自动化样本制备系统，不仅能够快速提升检测效率，更具备快速复制、广泛推广、高效落地的显著特点。

2020 年 7 月 16 日，安哥拉政府与中国深圳华大集团举行线上签约仪式。安政府将委托华大集团在全国范围内建设 5 座"火眼"新冠病毒检测实验室，其中包括 1 座气膜"火眼"实验室，合计每日检测能力为 6000 份样本，建成后在较短时间内能将安方全国检测能力提升 10 倍。安哥拉将成为建成"火眼"实验室最多的非洲国家。

2020 年 4 月 26 日，华大基因与沙特阿拉伯王国政府举行线上签约仪式，沙特政府决定选用华大基因"火眼"实验室整体解决方案，启动其全国新冠病毒核酸检测项目。

### （三）埃塞俄比亚新冠病毒核酸检测试剂生产厂及机场"火眼"实验室

2020 年 9 月，华大在埃塞俄比亚投资建设的新冠病毒核酸检测试剂盒生产厂正式投产，将有助于埃全国筛查项目的顺利实施，极大推进埃国内复工复产目标的完成。埃塞俄比亚卫生部已与工厂签订了采购协议。

2021 年 4 月 16 日，华大在埃塞俄比亚投资建设的"火眼"实验室，在首都博莱国际机场正式投入使用。该实验室是埃塞俄比亚政府批准的第一个外资企业独立运营管理的实验室，也是中国企业在非洲运营管理的第一个机场检测实验室，将为往返中非的各国乘客提供新冠病毒核酸检测和抗体检测服务，为中非人员健康往来保驾护航。实验室人员由中埃两国技术人员组成，每日最高可检测 1000 份样本，并可在 3 个小时内完成整个航班 300 名乘客的核酸检测。

## 二、国际标准工作

2020 年 12 月，华大基因联合中国标准化研究院提出的国际标准 ISO/AWI TS 5798《核酸扩增法检测严重急性呼吸系统综合征冠状病毒 2（SARS-CoV-2）质量规范》提案获得国际标准化组织医学实验室检验和体外诊断系统技术委员会投票通过，正式立项。该国际标准是目前国际标准化组织唯一立项的专门针对新冠病毒检测的国际标准，发布后将成为全球新冠病毒核酸检测的技术规范。

制订标准向世界分享我国新型冠状病毒核酸检测的先进技术成果和成功经验，有助于向全球医学实验室、体外诊断检测试剂开发人员和制造商及新冠病毒研究的机构和组织提供重要技术依据和技术支撑，用科技支撑全球抗疫。

## 三、公共卫生培训

华大集团自 2018 年起在深圳国家基因库承办"中国—非洲新发再发传染

病病原基因检测和分子诊断培训班""中国援非埃博拉检测技术培训班""分子诊断与病原核酸检测技术能力建设活动"(共二期),并以线上形式组织"2020 年援外分子诊断与病原核酸检测技术——新冠肺炎等重大疾病防控专题培训"。2019 年,华大集团承接了"上合组织及亚信成员国官员举办基因组学研修班"项目。来自亚、非、拉多国疾控机构的百余名学员参加了培训。

## 四、医疗卫生国际合作

### (一)参与各国大人群基因组计划

随着测序技术的不断发展,国家级基因组和大型疾病队列项目启动呈现快速增长势头,华大集团以不同方式参与了阿联酋全民基因组计划(全球首个百万人级别的国家基因组计划)等项目。

### (二)牵头成立"一带一路"生命科技促进联盟

深圳国家基因库由国家四部委批复建设,并在国家发展和改革委员会主任深圳市政府为联合理事长单位的理事会指导下,由深圳华大生命科学研究院承建,于 2016 年建成使用。2019 年印发的《粤港澳大湾区发展规划纲要》指出:"支持依托深圳国家基因库发起设立'一带一路'生命科技促进联盟"。2019 年 10 月,联盟第一次代表大会成功召开,老挝科技部、拉脱维亚经济部、南非医学研究理事会、国际盐碱农业研究所等 70 多家来自"一带一路"沿线国家和地区的政府部门、科研院所、医疗机构、大学、商协会和领军企业的代表参会。会议通过了联盟章程,推选正大制药集团总裁、"一带一路"总商会会长郑翔玲为联盟主席,华大集团董事长汪建为联盟理事长。

2020 年 12 月,在深圳国家基因库召开了第二次代表大会暨联盟标准化工作会议,成立了"一带一路"区域标准化委员会,并通过了《充气膜结构病毒检测实验室建设指南》《高通量测序仪》以及《机器人辅助超声诊断设备》的三项标准立项申请。

### （三）国际公共卫生危机应对

华大集团积极参与历次国际公共卫生危机应对和处理。2003 年，华大集团破解"非典"病毒序列，并向全国防治非典型性肺炎指挥部无偿捐献 30 万人份诊断试剂盒。2004 年印度洋海啸发生后，华大集团迅速派出人员参与国际救援和遗体鉴定。2011 年欧洲大肠杆菌疫情暴发，华大集团完成基因组测序后公布序列，并迅速研制成功试剂盒无偿公开检测方法。2015 年埃博拉病毒肆虐之时，华大派出先遣队奔赴塞拉利昂，帮助抗击埃博拉。

### （四）国际人才培养合作

华大集团旗下华大基因学院开展境外联培项目，集中在基因组学和生物信息学两个专业。联培合作使得校企双方优势互补、资源共享，培养了一批优秀的学科人才。

# 东富龙：中国药机走向全球

东富龙是一家为全球制药企业提供制药工艺、核心装备、系统工程整体解决方案的综合性制药装备服务商。经过 28 年艰苦奋斗，已拥有超 10000 台制药设备、药品制造系统服务于全球 2000 多家知名制药企业。

国际化始终是东富龙发展战略中重要方向之一，公司自 2004 年开始国际化征程，产品已经出口到全球 40 多个国家和地区，建立了南亚、东亚、拉非亚、独联体、欧美五大销售区域，形成了全球销售态势，国际销售额从最初 2004 年的 200 万美元上升到如今的上亿美元。

目前，在"十进三"（全球前 10 家跨国药企至少有 3 家使用东富龙产品）的征程中，公司已经成长为跨国药企在新兴市场本地化的最优（Local Best）供应商。未来，东富龙力争在亚洲市场建成领导品牌，在新兴市场和发展中国家建成重要品牌，并规模化地进入欧美市场。

## 一、国际化里程碑

2003 年底，东富龙冻干机首次出口到印度，开启了国际化征程。彼时起，国际化就成为东富龙的发展战略：打造国际品牌为中心，带动企业观念、营销、技术、管理、文件、服务和人才向国际化接轨，带动企业整体竞争力的提高，致力于成长为一家高度国际化、专业化的隐形冠军企业。

2005 年，首次参加印度 ChemTech+Pharma 国际展会，并首次登上国际舞台进行技术演讲。之后诞生了东富龙海外技术学院，致力于技术品牌打造、药物制造科学领域法规、最佳实践、先进技术的分享和学习，加速先进技术在新兴市场的应用，引领发展中国家的药物制造装备技术提升和药品质量的提升，为客户带来技术灵感，为行业带来价值创造。2007 年参加 Cphi Worldwide（世界制药原料展览会），东富龙品牌首次进入欧洲市场。之后东富龙产品规模化出口到意大利、西班牙、法国、英国、德国、加拿大、美国等一系列欧美高标准市场，学习和实践如何满足美国、欧盟 GMP 要求。

从 2008 年开始连续参加德国 Achema、Interpack 展会，推出自主知识产权、走在行业前列的最新技术和最佳实践，与欧洲药机同台竞技，提供具有中国特点的解决方案，获得了众多国际同行的尊重（欧洲药机：服务于新药研发的先进药物制造平台和设备创新，如柔性药物制造平台；中国药机：服务于通用名药的先进药物制造平台和设备创新，如大规模高效药物制造平台）。

2010 年，东富龙第一套"冻干机+自动进出料+隔离器"系统出口到国际市场，产品出口进入系统化阶段，从单一设备供应商成长为系统方案解决者，致力于药物制造科学研究和药机制造科学研究，为行业提供先进的药物制造模式和下一代的药物制造平台。

2011 年，东富龙印度公司成立，标志着东富龙的当地化策略从产品输出发展到人员、技术输出，进入深耕和区域事业部创建阶段，之后东富龙俄罗斯、东富龙意大利、东富龙美国等海外子公司呈快速发展态势，形成遍布全球的本土化布局。

## 二、未来发展

东富龙的国际化发展沿着"农村包围城市"的道路有序推进，致力于从"中国的东富龙成长为世界的东富龙"，未来将努力实现以下奋斗目标：海外业务达到整体业务的 40%；全球化运营，初步拥有全球布局的研发、制造、销售、服务及管理团队，成为制药系统整体解决方案主要提供商，为全球客户提供服务；全球化的组织体系，拥有 10% 的海外员工；进入全球前 10 家跨国药厂中至少 3 家的核心项目；拥有数位世界知名的制药行业专家。

目前，公司已经建立了覆盖全球各大洲的五大销售区域。下一步的业务成长来自：产品线的扩展，从单机走向系统、工程解决方案；产品应用领域的不断拓展，如冻干机从医药走向益生菌冻干、冻干片剂冻干、冻融设备等；市场区域的扩展和裂变，从现在的五大销售区域，扩展和裂变到未来的十个左右的销售区域；客户的层次的扩展，从中端客户群，拓展到中高端客户群、高端客户群。

海外业务的成长，将来自日益深入的本土化策略的实施。走出去，从产品输出到人员、技术、资本输出，要建立根据地，扎根当地，建立当地化的销售网络、服务网络、生产基地，逐步实现海外市场员工、业务、文化当地化。

## 三、结语

当下，中国的药物研发正在从小分子药物向大分子药物，普通注射剂向复杂注射剂发展，药物制造正在向药物创新、高质量发展转型升级，作为药物制造科学的组成部分，药机科学研究如何源源不断地开发出先进的药物制造模式、下一代的药物制造平台，为药物研发提供技术灵感和技术选择，为药物高质量制造带来技术保障和技术创新，这是药机企业的责任、价值和机遇，是一种行业良性循环的正能量发展模式。

在此形势下，我们要加速企业自身的转型升级、发展动能转换，把商业模式的伟大梦想落实到对优秀的内部运营能力打造上，更加关注长期竞争力的打造。"打铁还得自身硬"，苦练内功，围绕技术创新、品质提升、品牌打造、基础管理、运营能力、资源整合，只有在变革创新上狠下功夫，才能不断提升自身在行业内和全球市场的竞争力。

# 万孚生物：打造全球化生态圈

万孚生物成立于1992年，是一家服务全球的体外诊断企业，致力于体外诊断快速检测产品的研发、智造、营销和服务，是国内POCT（即时检测）龙头企业之一。近30年来，一直致力于通过快速检测解决方案为医疗机构、社会公共卫生机构、家庭个人等提供优质诊断服务，守护生命健康，产品已覆盖140多个国家和地区。近年来，万孚生物通过在全球多个国家开展联合创新基地、联合经营中心、外延并购等，构建起全球化内的"万孚生态圈"，完善产品、技术及渠道的布局。

## 一、研发创新，全品类产品布局

为集成全球化的科研创新能力，万孚生物在中国广州及美国圣地亚哥等地设立了研发基地，拥有研发人员700多人，均为生物化学、临床医学、微电子技术等领域的专业人士。研发投入强度和研发团队实力均居行业领先地位。

经过近30年的发展，公司已构建了较为完善的技术平台和产品线，是国内POCT企业中技术平台布局最多、产品线最为丰富的企业。公司现有免疫胶体金技术平台、免疫荧光技术平台、电化学技术平台、干式生化技术平台、化学发光技术平台、分子诊断技术平台、病理诊断技术平台，以及仪器技术平台和生物原材料平台，并依托上述九大技术平台形成了心脑血管疾病、炎症、肿瘤、传染病、毒检（药物滥用）、优生优育等检验领域的丰富产品线，广泛运用于临床检验、危急重症、基层医疗、疫情监控、灾难救援、现场执法及家庭个人健康管理等领域。

近年来，公司不断加大研发投入力度，以高强度的研发投入保证产品管线的推陈出新，提升业务的张力。公司是国家发改委批准建设的"自检型快速诊断国家地方联合工程实验室"，该实验室的建设标志着公司在 POCT 领域的技术已处于国内领先水平。公司多项产品通过了美国 FDA 现场考核认可，也是国内极少数 POCT 产品大规模出口到准入门槛极高的欧美发达国家的企业。

## 二、国际化的营销体系

公司自 2004 年开始开拓海外市场。美国、欧洲等发达国家和地区是世界 POCT 的成熟消费地区，其市场监管也最为严格，进入上述市场不仅需要较高的产品质量，还需要较长的市场准入资质申请周期。经过 16 年的不懈耕耘，公司在海外市场准入、海外渠道建设等方面已经构建起较为突出的优势。在海外重点市场，公司也在逐步深化"深度营销"，在海外市场拥有了较强的先发优势。

目前，国际市场贡献销售收入的主体是免疫荧光技术平台和免疫胶体金技术平台，已开始导入凝血、血气、干式生化等产品，布局领域包括心脑血管疾病、炎症、优生优育、传染病等。近年来国际市场的定量产品占比上升势头明显。美国市场的产品主要是基于胶体金平台的毒检（药物滥用）检测产品、优生优育、传染病等，以定性产品为主。

在国际市场，公司凭借产品的广域覆盖性（临床和 OTC 的兼容），销售覆盖了 140 多个国家和地区。

## 三、构筑国际化的质量体系和生态圈

公司严格遵守中国《医疗器械监督管理条例》及配套的法律法规，欧盟委员会（Directive 98/79/EC）、美国食品药品监督局（21CFR 820）、医疗器械单一审核联盟（MDSAP-AU P0002.006）、巴西国家卫生监督局（RDC ANVISA 16/2013）、加拿大卫生部（SOR/98-282）、澳大利亚医疗用品管理局（TG（MD）R 2002）、世界卫生组织（PQDx_ 007）等医疗器械、体外诊断试剂法规标准及 ISO9001：2015、ISO13485：2016 等国际标准，构筑了全球化的质量管理体系。公司植根中国，在进入国际市场后同时以欧洲、美国等发达国家或地区的质量控制标准来指导公司产品制造，质量管理体系多次通过NMPA、CE、FDA 的审核和认证。

截至 2021 年 6 月 30 日，公司累计获得产品注册证合计 525 个，包括国内产品注册证 234 个，海外注册证 291 个，海外注册证中美国 FDA 产品注册证70 个，欧盟 CE 产品注册证 213 个，加拿大 MDALL 产品注册证 8 个。

国际项目合作方面，公司以合资公司为载体进行战略合作，推进技术引进和产品导入，实现对分子诊断领域的布局。在 WHO 公立采购市场，推进新冠病毒抗原检测试剂在 WHO 的 EUL 认证及相关国家市场准入，共同推动高质量抗原检测试剂在中低收入国家的商业化和分销的进程，为中低收入国家提供足够的新冠病毒抗原检测试剂以遏制病毒传播。

## 四、助力全球抗疫

在新冠肺炎疫情这场全球挑战面前，公司迎难而上，竭尽企业所能，以科技支撑战疫，助力各国共同抗击疫情，新冠病毒相关产品应用覆盖欧洲、亚洲、拉美、中东超过 100 个国家。

2020 年上半年，新冠肺炎疫情暴发以来，公司快速响应，在短时间内克服重重困难，成功研发出基于免疫胶体金技术平台、免疫荧光技术平台、分子诊断技术平台的六款新冠检测产品，搭建了从初筛、实验室鉴别检测到确诊的全方位新冠病毒检测体系，并积极参与和申报国家注册项目。2020 年上半年，海外市场新冠病毒检测试剂极度匮乏，市场需求极其巨大，公司的新冠病毒抗体检测试剂的大量出口到海外。下半年，公司的新冠病毒抗原检测试剂在欧洲的德国、比利时、英国等国实现应用。

2021 年上半年，欧洲市场对于新冠病毒抗原自测产品的需求迅速上升。顺应这一趋势，公司积极推进新冠病毒自测产品在欧洲各国的准入及注册，并于 6 月初取得欧盟 CE 认证。在体外诊断市场快速的变革及重构中，公司坚持以产品为本，在海内外积极拓展业务，为全球抗疫持续贡献力量。

# 中科健康国际：让中药以现代化姿态走向世界

南京中科药业有限公司，隶属于中科健康产业集团，主营中药及保健食品的研制、生产与销售，拥有国内一流的 GMP 生产流水线和强大的研发中心，致力于中科现代化健康领域，让中药以现代化姿态走向国际市场。

## 一、国际注册认证

中科药业产品中科灵芝等 8 个产品在新加坡注册为药品；中科灵芝产品已获得加拿大天然健康产品许可证（NPN80045126），中科灵芝、灵芝孢子粉获得中国香港中成药批准；2019 年，获得法国国际生态认证中心（ECOCERT SA）颁布的美国 NOP 和欧盟 EOS 有机认证证书；2020 年 8 月中科创新牌灵芝孢子油软胶囊、中科灵芝孢子胶囊、中科牌灵芝胶囊、中科牌蝙蝠蛾被毛孢菌丝体提取物胶囊，四款产品成功通过到澳大利亚"健康医疗物资总署"TGA（Department of Health, Therapeutical Goods Administration）注册认证，并获得 AUST L 注册号；2020 年 9 月，由中科健康国际（香港）有限公司出品的中科番茄红素、中科眼润清、中科 5X 珍虫草、中科 5X 赤灵芝孢子、中科虾红素 5 款产品正式通过中国澳门特别行政区政府卫生局审批，获许在澳门合法销售。

## 二、国际合作

中科目前已与南京大学、中国药科大学、南京中医药大学建立了产学研战略联盟，和纪念斯隆—凯特琳癌症中心、法国科学院、美国印第安纳波利斯癌症研究实验室、印第安纳大学医学院、巴黎第七大学、中科院南京植物研究所等科研机构展开项目合作，与全球 15 个国家和地区的科研机构以及大学进行科研学术合作。

美国时间 2019 年 7 月 16 日上午，中科健康产业集团与纪念斯隆—凯特琳癌症中心（下称 MSK）在美国纽约就"复方灵芝孢子胶囊临床研究合作"正式签约。复方灵芝孢子胶囊于 2019 年 7 月在美国 MSK 开展临床试验。临床疗效是中医药生存与发展的基础，也是中药现代化检验的标准与目的。复方灵芝孢子胶囊是以破壁灵芝孢子为原料做到临床 III 期的复方新药，作为具有自主知识产权的中国原研创新药、中国复方现代中药进入美国权威癌症研究机构开展临床研究，也是中药现代化进程中具有里程碑意义的事件。

中科复方灵芝孢子实验论文——灵芝孢子创新药物辅助抑制肿瘤人体临床试验，首次以正向结果登上国际期刊。美国肿瘤学 SCI 专业期刊《综合癌症治疗》（*Integrative Cancer Therapies*），中美专家在论文中指出："这是首项以 NSCLC（非小细胞肺癌）患者化疗期间的生活质量为目标，以健全完善的患者自评结果为指标来评价该灵芝草药组方的临床研究。"

## 三、多渠道拓出口

新冠肺炎疫情当下，中科合理布局海外营销网络，在全球 20 余个国家和地区设有营销主体，且鼓励在当地深耕市场资源、渠道，推动宣传以及品牌渗入；联合国际权威医疗机构，展开深度合作，强强联合；顺应网络大数据趋势，搜罗全球资源，把握商机；纽约中科与纽约 MSK 的医生及药房负责人共同参与产品设计、审阅、修订中科破壁灵芝孢子粉、中科云芝精华两款中科药用真菌系列产品，至此美国市民可以凭医生处方在 MSK 药房购买到以上产品。

2020 年新冠肺炎疫情重挫全球，中科香港及海外市场营收却实现了年度增长。主要原因是疫情更加激发了当地消费者对提高免疫力产品的追求。疫情下中科依然保持上新品，增加客户需求。在产品以及品牌宣传上，逆势而为不减反增，加大了投入，维护好品牌的同时，进一步提升了品牌美誉度。

集团直播以及线上平台的销售极好地顺应了 O2O（Online to Offline）形式，不仅点亮中科这张电子名片，借助网络的快捷性、广泛性促进销售，更是对线下销售的有力补充。

## 四、产品优势

中科灵芝孢子的品种优选技术、灵芝孢子的低温物理破壁粉碎技术、灵芝孢子中的脂溶性成分的二氧化碳超临界萃取技术、微囊包埋技术，为产品提供了优质技术支撑。

中科创新牌灵芝孢子油软胶囊和中科牌蝙蝠蛾被毛孢菌丝体提取物胶囊均荣获中国中药协会中药新技术专业委员会认定的新技术产品。中科创新牌灵芝孢子油软胶囊荣获首届中国灵芝产品博览交易会金奖、南京市优秀发明专利奖。中科创新牌灵芝孢子油软胶囊、中科牌爱特胶囊、中科牌蝙蝠蛾被毛孢菌丝体提取物胶囊均荣获中国国际高新技术成果交易会优秀产品。

1999 年，中科科研团队凭借自主研发的国家发明专利技术："一种灵芝孢子的超临界加工方法"（专利号：ZL99123952.0），成功研制出灵芝孢子油，这是中科历史上第一个国家级发明专利；2012 年 5 月 15 日获授权 "a anti-tumor chinese drugs preparation comprising lucidum spores oil and preparation method thereof"（一种富含灵芝孢子油的中药抗肿瘤制剂及制备方法），专利号：201108586-7；成为全球首家制订出灵芝孢子油中三萜类功效成分的检测方法的团队，并获得卫生部、食药监局的批准。中科科研团队从事灵芝孢子油指纹图谱工作，第一次建立起验证灵芝孢子油真伪的权威方法，确保产品真实可靠；此外还做了灵芝孢子油全成分 GC-MS 分析，第一次确定了所有成分的分子结构，目前正在与美国印第安纳大学丹尼尔教授合作，确定每种成分对不同肿瘤的效果。

## 五、未来规划

中药在全世界也越来越受到重视。在美国，中药被作为补充和替代疗法。

美国早在 20 世纪初期，就将植物药与化学合成药物一同列入美国药典。美国FDA 在网上公布了美国《植物药研究指导原则》，并在世界范围征求意见。中美创新政策的支持对现代中药制品关键技术研发及市场拓展都有积极的支持及指导作用，整体政策环境较好。

中科药业将聚焦现代中药领域，集聚中美创新人才和优势科技资源，打造专业的研发、市场与服务团队，重点从中药物质提取、中药质量检测、中药疗效和安全性评价等方面开展深度研究，加强现代中药临床实验研究，搭建起一个集技术研发、产品孵化、应用培训为一体的全新中药新药开发平台，通过工艺研究、技术创新、成果转化，有力提升中科药业在中医药产业及国际市场的竞争力，带动江苏省中药现代化行业技术升级，推进传统中医与现代化有机结合，整体提升我国中药行业发展水平，为造福大众提升中国中药现代化作出贡献。

# 朗华制药：单一原料药生产走向综合 CDMO 平台

朗华制药始建于 1986 年，经过 30 多年的发展，从最开始的单一的喹诺酮类产品，发展到现在涵盖肿瘤、艾滋病、糖尿病、心血管病等领域的管线产品，从最基础的生产领域扩展到科工贸于一体的集合型综合体。

近年来，随着全球医药产业链向新兴市场转移，国内外医药投融资不断高涨，创新药企蓬勃发展，CDMO（合同研究生产组织）业务需求持续上升。朗华制药抓住机遇，成为一家高成长性的 CDMO 企业，为全球合作伙伴提供从原料药到制剂的小分子药物，可以服务从临床前到商业化供应的全部链条，覆盖药物全生命周期。以高效、灵活、高质量为特色的一站式解决方案为全球新药研发机构和跨国制药公司长期提供优质的产品和服务。

## 一、服务范围

朗华制药公司深度参与了 20 多个新药的上市过程，先后通过了中国 NMPA、美国 FDA、欧盟 EDQM、日本 PMDA、巴西 ANVISA、WHO 等权威机构审计和认证，并通过了 PSCI 审计，建立了完善的质量管理体系和 EHS 管理体系。

### （一）原料药

#### 1. 原料药服务

原料药服务包括：路线设计与筛选；工艺开发与优化；毒理批次生产；cGMP 条件下临床样品制备；放大及商业化生产（毫克至千吨规模）；IND 和 NDA 申报文件（CTD 格式）撰写等。

### 2. 工艺特殊技术

## （二）制剂

### 1. 制剂服务

包括晶型/盐型筛选；处方前研究；制剂处方和工艺的筛选和优化；制剂工艺放大和技术转移；cGMP 条件下临床样品制备（临床 Ⅰ—Ⅱ 期）；IND 和 NDA 申报文件（CTD 格式）撰写等。

### 2. 制剂平台

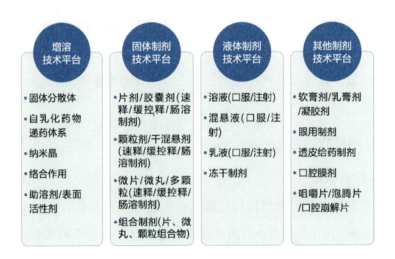

### 3. 固体制剂产能信息

| 工艺单元 | 批量 |
|---|---|
| 粉碎（气流/机械） | 0.03-10kg/h；0.05-249kg/h |
| 混合 | 0.02-50kg |
| 高剪切制粒 | 0.1-45kg |
| 一步制粒（顶喷/底喷） | 0.3-40kg |
| 干法制粒 | 5g-20kg/h |
| 压片（单层片/多层片） | 物料≥100g；≤20,000 片/h |
| 包衣 | 0.1-50kg |
| 胶囊填充 | 物料≥100g |
| | 颗料/微刃≤40,000 料/h |
| | 微片≤5,000 料/h |
| 包装（瓶装/铝塑） | 60-7,200 瓶/h；100-2,400 板/h |

## （三）分析平台

服务内容包括：原料药和制剂分析方法开发、验证、转移；原料药和制剂放行检测、稳定性研究；起始物料，中间体分析方法开发、验证、转移；基因毒性杂质预测和分析方法开发、验证及检测；元素杂质分析方法开发、验证及检测；微生物分析方法开发、确认；质量研究、杂质研究、质量标准建立；IND 和 NDA 申报文件（CTD 格式）撰写等。

## 二、研发实力

目前，朗华制药在上海、宁波、台州设有三个研发中心，拥有 13000 平方米的实验室和 200 多人的研发团队，其中一半以上是有多年 CMC 研发经验的博士、硕士；CMC 各领域的研发领军人物均是曾在跨国制药企业工作多年的海归博士，具有丰富的创新药物原料药和制剂的工艺研发、放大生产和申报的经验。

## （一）研发中心

上海周浦：4500m² 合成实验室、2000m² 制剂实验室、3000m² 分析实验室；提供从 PCC（临床前候选化合物）到早期临床的 CMC 服务；non-GMP 公斤实验室；配置 D 级洁净区的 GMP 中试车间；制剂开发和 Ⅰ-Ⅱ 期临床样品供应支持。

浙江台州：2500m² 合成实验室；non-GMP 公斤实验室；GMP 公斤实验室；配置 D 级洁净区的 GMP 中试车间；聚焦工艺优化和放大。

浙江宁波：1000m² 合成实验室；CNAS 认证的工艺安全实验室；聚焦工艺开发。

## （二）API 和中间体生产基地

浙江台州：12 个 GMP 生产车间；从公斤级到吨级的专用/多功能/中试车间；现有反应立方数为 910m³；计划反应立方数为 1500m³（3 年内增至）；废水处理，2000 吨/天，50% 空余；废气处理，20000m/h，50% 空余；体系认证，ISO14001、45001、EcoVadis（Silver 评级）；通过 FDA、EDOM、NMPA 等权威官方 GMP 审计。

2020 年，朗华制药与维亚生物完成战略整合。朗华制药在 CDMO 领域丰富的行业经验与维亚生物在创新药研发领域的技术优势及优质客户流量呈现出良好的协同效应。朗华制药始终为客户提供全面的综合药物开发服务，以研发创新为动力，培植差异化竞争优势，做客户最具价值和创造力的 CDMO 伙伴。

# 圣湘生物：从中国走向世界的基因科技普惠者

圣湘生物成立于 2008 年，总部位于湖南长沙，是聚焦精准医学检测，以自主创新基因技术为核心，集诊断试剂、仪器、共建实验室、第三方医学检验服务、基因检测服务等为一体的体外诊断整体解决方案提供商。

经过 13 年的发展，圣湘生物成功建立了覆盖全球的营销网络，其产品服务法国、阿联酋、土耳其、菲律宾、孟加拉国、泰国、新加坡等全球 160 多个国家和地区，受到了海内外客户的广泛赞誉与认可。

## 一、全球抗疫主力军，品牌影响力显著提升

在抗击新冠疫情工作中，圣湘生物迅速开发出新冠核酸检测试剂、快速检测设备和"一锤定音"新冠病毒测序系统等一系列科技抗疫产品，是世界上最早一批有能力提供新型冠状病毒核酸检测产品的企业。针对国内外部分城市出现疫情反复情况，圣湘生物增加了移动方舱实验室、移动核酸检测车、万人核酸检测实验室、气柱式帐篷实验室等一系列整体解决方案。特别是针对新冠病毒英国、南非、印度变异株，圣湘生物快速开发出多种新冠突变株检测试剂，并积极推动新冠抗原检测产品研发及准入工作，获得了德国、希腊、奥地利、捷克、意大利等国家的认证。

目前，圣湘生物根据不同抗疫时期、不同应用场景需求、不同国情构建起了全场景化整体解决方案，是全球新冠检测产品最大的供应商之一，产品服务全球 160 多个国家和地区，助力国内外超过 3000 家实验室核酸检测能力从无到有或数倍到数十倍增长，新冠"圣湘方案"成为欧洲、中东、东南亚等地抗疫核酸检测主导方案，在部分国家市场占有率超过 80%，也让全球各国进一步了解中国"抗疫方案""抗疫经验"，彰显中国力量。

同时，圣湘生物积极捐赠抗疫物资，累计向国内外捐赠价值近 2 亿元疫情防控物资和现金，先后派出了数百人的技术支持团队驰援全球抗疫。圣湘生物也与各国政府、WHO、国际红十字会等海内外权威组织建立了良好的合作关系。

抗疫中大显身手，也让圣湘生物品牌影响力、渠道扩张力大幅提升，公司抗疫优势转化为长期成长的动能。圣湘生物常规业务如肝炎、妇幼、血筛、呼吸道等产线稳步增长，为后续试剂销售及上量提供了强有力支撑。

## 二、高素质的国际化人才队伍，覆盖全球的营销网络

圣湘生物始终将人才资源视为第一资源，聚集了 10 余名国家级、省级行业领军人才，近 100 名高层次归国留学人员。近年来，圣湘生物着力培养具有全球视野和世界眼光的高层次国际化人才，引进了 10 余名曾在罗氏、葛兰素史克、梅里埃、华为等全球跨国巨头企业担任高管的行业领军人才，逐步打造了一支跨学科的复合型创新研发团队，为公司的创新发展提供了源源不断的人才基础和智力支撑。

圣湘生物立足中国、放眼全球，搭建了营销、市场、医学、客户服务四位一体的营销服务机制，建立了一支海外市场拓展经验丰富的国际营销团队，在全球市场建立了较完备的经销商合作体系和分级管理体系，探索出了一套相对成熟的 IVD 产业链业务国际化推进模式，产品出口到全球 160 多个国家和地区。作为国内分子诊断产品的出口主力军，圣湘生物积极响应"一带一路"倡议，参加了中非部长级医药卫生合作会议、中东欧国家卫生部长论坛，输出全球惠民"圣湘方案"，贡献"圣湘力量"。

目前，圣湘生物在国内外设立了近 30 家分子公司或分支机构。接下来，圣湘生物将做好重点国家市场的深耕，加速拓展全球 7 大区域中心，派出专业化人才团队提供全方位的支持，并在当地成立分公司等属地化机构，助力人类卫生健康共同体建设。

## 三、强大的研发创新实力，引领中国分子诊断行业跨越式发展

圣湘生物自成立以来，一直秉承创新+服务双轮驱动，自主研发了获得国家科技进步二等奖的高精度"磁珠法"、国际领先的快速简便"一步法"和通用型"全自动统一样本处理""POCT 移动分子诊断"等一系列核心技术，构建了覆盖荧光定量 PCR、基因芯片、基因测序、移动分子诊断、生物信息等全方位的分子诊断技术平台，逐步构建了基因技术应用普适化、全场景化的新生态，引领国内行业技术赶超国际先进水平，有力打破进口垄断，推动基因技术由医疗机构个别科室应用向多科室应用、大医院高端实验室应用向包括基层医疗机构在内的各个层级医院应用、少数领域应用向全场景应用转变。

围绕全民健康，圣湘生物研发出传染病防控、癌症防控、妇幼健康、血液筛查、慢病管理、突发疫情防控等一系列高性能产品 400 余种，形成了集试剂、仪器、基因检测服务、第三方医学检验服务、分子实验室共建等为一体的系统化解决方案。此外，圣湘生物正在积极开展肿瘤早期筛查、肿瘤个性化用药、病原体宏基因组测序等课题的研发，结合分子诊断产业的发展趋势，将有计划地推出新产品，进一步优化产品结构，打造核心竞争力。

圣湘生物持续完善研发创新"生态圈"，设置了生命科学研究院，搭建了国家基因检测技术应用示范中心、感染性疾病及肿瘤基因诊断技术国家地方联合工程研究中心、国家级博士后科研工作站、核酸诊断技术湖南省工程研究中心、湖南省核酸诊疗工程技术研究中心、湖南省企业技术中心等 10 余个国家和省级重大创新平台，获国家科技进步二等奖、中国专利优秀奖等国家级重大奖项 50 余项，承担国家"十二五""十三五"重大科技专项等国家级和省级重大项目 50 余项，主导或参与制定行业标准 50 余项（代表中国参加全球新冠、肝炎等相关标准制定），累计获得国内外产品注册、准入 500 余项，申请专利 200 余项（含授权），并作为唯一一家中国企业获得了 G20 医疗

创新奖。

普惠基因科技，造福百姓健康。目前，圣湘生物正在全力推进第三个五年计划，致力打造成为全球行业龙头企业，将始终坚持"创新+服务"双轮驱动，研发出更多老百姓用得起、用得好的基因技术、产品和服务，让精准医疗进入千家万户，共享健康生活，创造美好未来。